<<<<<<<<

www.dhbook.com

50 English

샘 박 (Sam Park) 지음

1판 1쇄 펴낸날 2001년 11월 15일
1판 12쇄 펴낸날 2002년 8월 30일

펴낸이 _ 이영혜
펴낸곳 _ 디자인하우스
서울시 중구 장충동 2가 186-210 파라다이스 빌딩
우편번호 100-855, 중앙우체국 사서함 2532
대표전화 _ (02)2275-6151
영업부 직통 _ (02)2263-6900
팩시밀리 _ (02)2275-7884, 7885
homepage _ www.dhbook.com
등록 _ 1977년 8월 19일, 제2-208호

책임편집 _ 배연경 _ edere@design.co.kr
본부장 _ 유승준
편집장 _ 김수희
편집부 _ 전지운, 배연경
디자인 _ 김성미
일러스트 _ 박양수
웹마스터 _ 한 준 _ joon@design.co.kr
영업부 _ 김태화, 오승욱, 김경희, 이정훈, 이태윤, 이연숙
제작부 _ 황태영, 정은주
전산편집 _ 현대시스템즈
인쇄 _ 뉴 · 우성인쇄주식회사

값 11,000원
ISBN 89-7041-800-8 03740
copyright ⓒ 2001 by Sam Park

✽ 50문장만 죽어라 외워라!

English Starter ✽

50 English

샘 박(Sam Park) 지음

designhouse 디자인하우스

영어는 노력 이전에 '습관'입니다!

우리는 철들기 시작하면서 영어로부터 자유로웠던 적이 없었습니다. 나름대로 공부도 열심히 해 왔건만, 그럼에도 여전히 영어 실력은 제자리걸음입니다. 이런 현실에 우리는 당황하고 좌절을 느낍니다. 남들 다 가는 어학 연수라도 다녀왔어야 했다고 자책합니다.

그러나 먼저 한 가지만 묻겠습니다. 당신은 자다가 벌떡 깨어나도 술술 말할 수 있는 영어 문장을 얼마나 암기하고 있습니까? 적재적소에 순발력 있게 꺼내 쓸 수 있는 영어를 몇 문장 정도 안다고 생각하십니까?

인디언 속담에 '자기가 원하는 것을 만 번 이상 말하면 소원이 이루어진다'고 했습니다. 어쩌면 해답은 아주 가까이에 있는지도 모르겠습니다. 언어는 패턴입니다. 패턴이란 '반복성'을 의미하지요. 바로 여기서 무한대의 언어 조합이 창출되는 것입니다. 그렇다면 어떻게 반복해야 할까요? 그저 책을 읽으며 무조건 반복하면 될까요?

이 책은 패턴이 되는 문장 50개를 기초로 해서, 영어 문장을 힘들이지 않고 암기하는 방법부터 영어가 완전히 습관이 되게 만드는 방법까지 구체적으로 알려 줍니다. 그래서 누구라도 이 방법을 실천하면 영어를 말하는 것은 물론이고, 듣기와 쓰기, 문법에 이르기까지 영어가 '터지는' 기쁨을 체험할 수 있습니다.

처음 이 방법을 인터넷에 공개했을 때, 사람들은 미심쩍어 했습니다. 그러나 강의를 통해서나 인터넷을 통해서 이 방법을 사용해 본 많은 분들이 '이제 영어를 말할 수 있다' 며 감격하고 있습니다. 당신도 지금 이 학습법을 시작한다면 그분들처럼 영어에 대해서 자신을 갖게 될 것입니다.

이 책이 영어 공부를 하는 모든 분들에게 실질적인 도움을 줄 수 있기를 바랍니다.

2001년 11월
산타바바라에서

벌써 50 English를 체험한 사람들의 편지

❋ 문장을 암기하고 나서부터는 영어 방송을 듣거나 교재를 볼 때마다 '아하, 이건 3
번 문장의 변형이네', '이건 47번 문장과 같은 패턴이네' 하며 무릎을 칩니다. 스스로
도 대단한 진보라고 느낍니다. '자투리 시간에 해야 하는 공부' 라는 말에 200% 공감
합니다.   —김경숙(서울시 노원구 월계동)

❋ 이 공부법은 우선 구체적인 목표를 제시한다는 것이 가장 좋았습니다. 평상시에
'해야 할 텐데……' 하면서도 정작 시작하지 않았던 영어 공부를 드디어 행동으로 옮
길 수 있게 동기 부여가 되었던 거지요. 목표 또한 결코 아득한 것이 아니라 열심히 외
우면 달성할 수 있다는 점, 그리고 그 목표를 성취한 후 다음 단계에는 무엇을 해야 하
는지까지 제시되어 있다는 것도 좋았습니다.
"Divide And Conquer English." 작은 노력이 모이면 무엇인가가 될 수 있다는 걸 모
처럼 느낄 수 있었습니다.   —윤수영(성남시 분당구 이매동)

❋ 샘 박 선생님은 강조했다. 영어는 습관! 그렇다! 영어는 습관이다!! 샘 박 선생님이
정리한 50문장은, 영어가 나의 습관으로 자리잡는 데 지대한 공헌을 했다고 해도 과언
이 아닐 것이다.
때론 바빠서 하루에 몇 번도 채 반복하지 못하는 때가 있다. 그런 날에도 샤워할 때라
든지 화장실에 있을 때, 심지어는 하루 일과를 마치고 녹초가 되어 귀가할 때에 맘만
먹으면 Once you see all those animals you should feel better.가 입 밖으로 새어 나
온다. 어떤 땐 앞쪽 문장만 계속 되풀이하는 경우도 생기곤 한다. 때로는 이 문장 저 문

장이 한데 섞여 소위 짬뽕이 될 때도 있다. 그럴 땐 혼자 씨익 웃기도 한다.

기본 50문장과 회화 50문장을 하고 나서 달라진 점은 영어로 된 글을 읽을 때마다 반가운 친구가 보인다는 것이다. 내가 외웠던 문장이 그대로 나오면 뛸 듯이 기쁘고, 그와 비슷한 문장이 나와도 반갑고 신난다. Yeah! 드디어 영어와 친구가 된 것이다.

—이진경(인천시 계양구 작전동)

❉ 막연했던 영어 회화 학습에 밝은 불씨를 가져다 주신 샘 박 선생님께 진심으로 감사드립니다. 영어 회화에 관한 한, 샘 박 선생님의 학습법을 만난 것은 프로메테우스의 불씨에 버금가는 행운이랄 수 있을 것 같군요. 받은 이 불씨를 꺼뜨리느냐, 활활 타오르는 큰불로 피워내느냐는 전적으로 본인들의 노력에 달렸겠죠.

50문장을 공부한 소감만 말씀드리면, 모든 문장들이 생활 영어에 주효하게 사용되고 응용될 표현이며, 문법 공부에도 연결시킬 수 있도록 저자가 심사숙고해서 만든 문장임을 알 수 있었습니다. 이를 위해 기울였을 세심한 배려와 노력에 고개가 숙여지더군요.

—기종연(서울시 서대문구 홍제동)

❉ 여러 가지 영어 공부법이 있지만 샘 박 선생님의 학습법이 우리 나라 사람들에겐 가장 잘 맞는다는 생각이 듭니다. 암기해서 말하고 반복해서 연습하는 것, 우리들이 늘 해 왔던 공부 방법 아닌가요? 영어 공부에도 역시 이 방법이 최고더군요.

—정계영(서울 서초구 방배동)

❉ 요즘은 콧노래가 그냥 흥얼흥얼 나온답니다. 아침에 일어나서 중얼중얼, 자나깨나 중얼거리니까 제 자신이 보기에도 웃음이 나오는 거지요. 샘 박 선생님을 만난 지도 벌

써 한 달이 다되어 가는군요. 우연히 아들이 보는 영어 사이트에서 샘 박 선생님의 글을 본 것이 최초의 인연이었지요.

그때만 해도 샘 박 선생님의 학습 방법을 이해하지 못했죠. 그러다 샘 박 선생님이 여는 세미나에 참석해서 흥미를 느낀 뒤로, 매일매일 맹연습을 하다시피 했어요. 처음엔 내 머리가 나쁜 건지, 잘 외워지지 않더군요. 그런데 요령을 터득하고 나니까 술술 외워졌습니다.

그림 주소…… 그것이 정답이었습니다. 기본 50문장을 완전히 외운 지 3주째. 회화 50문장으로 진도를 나갈까도 했지만, 유혹을 뿌리치고 기본 50문장에 더욱 매달려 보았답니다. 그런 후에 회화 50문장에 돌입했지요.

근데, 이게 웬일입니까!? 기본 50문장을 완전히 외워서였는지, 회화 50문장은 훨씬 쉽게 암기가 되었습니다. 지금은 회화 문장과 기본 문장을 매일 연습하고 있어요. 어쨌든 요즘은 정말 즐겁기만 합니다.

—이아영(대구시 북구 복현동)

✱ 300문장을 암기한 제 입장에서 먼저 드리고 싶은 말씀은 "의심하지 말라"입니다. 머리 속에 맴도는 말이 입으로 빨리 나오지 않을 때면 아마 짜증이 날 겁니다. 그럴 땐 연습 부족이라고, 그리고 큰 소리로 따라 하지 않아서라고 자신을 타이르십시오.

좀 익숙해질 단계에서는 '이 정도야' 하는 자만심도 경계해야 합니다. 의심과 자만심을 물리치고, 끈기 있게 매일 짬을 내서 암기하고 써 보고 거꾸로 암기한다면 누구나 그 효과를 느끼리라 믿어 의심치 않습니다. 제가 바로 그 효과를 톡톡히 보았기 때문이죠.

—박지숙(부산시 북구 만덕동)

✱ 저는 초등학교 영어 교사입니다. 동료 교사들과 함께, 이 학습법에서 가르쳐 주는 대로 열심히 연습하고 있습니다. 지금 저희 학교에서는 14명이 이 학습에 참여하고 있

고, 현재 기본 50문장을 다 외운 사람이 저를 포함하여 3명입니다.

수업 시작 전 아침에 만나면 "몇 번 문장"을 맞춰야 다른 대화로 넘어갑니다. 점심 식사 후 자투리 시간에 다시 만나 기본 50문장을 외우며 서로 발음을 교정해 주는 등 학습 열기가 대단하답니다.

참가자 대부분은 30대이고, 그 가운데는 초등 영어 교육법 석사 과정을 밟으신 분도 계십니다. 그럼에도 여전히 영어 회화는 어렵게 느꼈더랬습니다. 그런데 이 학습법을 접하고는 그분도 매우 열심히 노력하며 성취감을 맛보고 있습니다.

—최원자(인천시 계양구 계산동)

✽ 인터넷 게시판을 통해 우연히 이 학습법을 알게 되었습니다. 거기 소개된 기본 50문장의 해석과 영작이 되지 않으면 영어는 시작도 할 수 없다는 말에 꽤 충격을 받았습니다. 기본 50문장을 암기한 지금, 30년 이상 맺혀 있던 영어의 한을 풀 수 있으리라는 예감이 물밀 듯 밀려옵니다.

—김재순(부천시 원미구 상동)

✽ 저는 동호회 파트너와 함께 날마다 메신저를 이용해 영어로 대화합니다. 그런데 기본 문장과 회화 문장을 완전히 암기하고 나니까 새로운 것을 하나 느끼게 되었습니다. 영어로 문장을 만들어 게시판에 의사 표시를 할 때, 그 문장들을 활용하게 된다는 것입니다. 영어 작문이 편하게 느껴지더라는 것이죠.

물론 100 문장이 조금 넘는 문장으로 다양한 표현은 할 수 없겠지요. 하지만 이를 응용하고 그 동안의 지식을 동원하니까 전에는 상상할 수도 없는 그럴듯한 문장이 술술 나왔습니다. 그러니 게시판에 영어로 의사를 전달하는 맛도 괜찮고, 그것이 또다시 나 자신에게 자신감과 학습 동기를 부여하고 있습니다.

—이병형(경기도 군포시 수리동)

목차

Ⅰ. 이 책을 시작하면서

이 책을 쓰면서 내가 가지는 한 가지 확신은

이 학습법은 분명 '영어가 되게' 만들어 준다는 것이다.

나의 개인적인 경험뿐만 아니라 이미 이 방법을 사용해 본

많은 사람들이 그것을 증명해 주고 있다.

----

1. 영어 좀 하세요?

우리는 어려서부터 대학을 졸업할 때까지 영어를 배우지만 누가 "영어 좀 하세요?" 하고 물으면 선뜻 "물론이지요"라고 대답하는 사람은 소수 에 불과하다. 영어는 많이 공부한 것 같은데 막상 미국 사람을 만나 이야 기를 나누려고 하면 입이 떨어지지 않는 이유는 무엇일까?

대학을 졸업할 때까지 10년을 넘게 죽어라 영어 공부를 했건만 외국 사 람 앞에서 말 한마디 제대로 못하는 현실을 볼 때, 영어 공부처럼 바친 시간과 노력에 비해 성과가 미미한 비즈니스도 없을 것 같다는 생각이 든다. 그만큼 노력을 기울였음에도 불구하고 일상적인 의사 소통조차 하 지 못하는 데에는 세 가지 중요한 이유가 있다.

그 첫 번째 이유는 우리가 미국에서 태어나지 않았다는 것이다. 한국에 서 태어난 우리가 한국어를 잘하듯이 미국에서 태어난 모든 사람들은 영 어를 잘한다. 로스앤젤레스 시가지를 돌다 보면 길모퉁이에서 동전을 구 걸하는 사람들을 볼 수 있다. 그들은 25센트짜리 동전을 구걸할 때조차 도 영어로 말한다. 그들에게 있어서 영어는 습관이며 생활이다. 하찮게 동전을 구걸하는 사람도 미국에서 태어나 영어가 습관이 되어 있으므로 입을 열면 영어가 술술 나오는 것이다. 비록 그들의 영어는 우리가 목표 할 그런 수준의 영어는 아니지만, 그래도 그들은 영어 때문에 우리처럼 신경을 곤두세우거나 스트레스를 받지는 않는다.

두 번째 이유는 그 동안 한국의 영어 교육이 편식을 해 왔다는 것이다. 영어에는 네 가지 영역, 즉 읽기, 쓰기, 듣기, 말하기가 있다. 90년대 초 반까지의 한국의 영어 교육은 읽고 해석하는 데에만 집중했다고 해도 과

언이 아니다. 듣기와 말하기는 읽기와 쓰기보다 2~3배는 힘이 든다고 보아야 한다. 같은 단어라도 음성 언어로 되어 나올 때는 사람마다 많은 차이가 있기 때문에, 바르게 듣고 말하는 것은 읽고 쓰는 것보다 훨씬 많은 훈련과 연습이 필요하다. 듣고 말하는 교육을 바르게 받지 못한 사람들은 자연히 영어로 의사 소통하는 데 많은 불편을 느끼게 된다.

세 번째 이유는 영어 시험 성적이 사람의 능력을 측정하는 도구로 사용되었다는 데 있다. 학생과 직장인들은 '영어'라고 하면 영어 시험을 먼저 떠올리고, 의사 소통보다는 영어 시험 성적에 더욱 관심을 집중하게 되었다. 따라서 그 무엇보다도 시험 성적을 올리는 일에 전력을 기울이게 되었고, 시험 또한 우열을 가리기 위해 점점 더 복잡해졌다. 학생들은 밤낮 없이 영어 시험 공부를 한 덕분에 시험 성적은 우수하지만 정작 영어는 못하는 기형적인 현실에 직면하게 된 것이다. 게다가 미국에 살면서 몇 번이나 사용할까 싶은, 지금은 거의 쓰이지도 않는 단어를 암기하며, 그런 단어를 아는 것이 마치 월등한 영어 실력을 갖춘 것으로 착각하는 데까지 오게 된 것이다.

의사 소통의 도구인 영어를 열심히 공부해 읽기, 쓰기, 듣기, 말하기를 모두 잘하는 것이야말로 진정 영어를 잘하는 것이고, 그런 사람의 영어 시험 성적이 높아져야 하는 게 당연하지 않은가? 시험 성적을 위한 영어 공부는 이제 그만두어야 한다. 그리고 영어 시험은 영어의 전반적인 능력을 측정하는 방향으로 초점이 맞추어져야 한다.

2. 어떻게 해야 영어를 잘할 수 있을까?

영어를 좀 하는 사람들에게 '영어를 잘하는 방법이 무엇입니까?' 라고 물어보면 열 사람이 다 다른 답을 할지도 모른다. 그런 것처럼 영어 학습 방법론에는 유일한 정답이 존재하지 않는다. 어떤 사람에게 효율적인 학습법이 다른 사람에게는 그다지 훌륭한 방법이 아닐지도 모른다. 따라서 영어를 공부하려는 사람들은 학습 방법들에는 어떤 것이 있으며 자신에게 적합한 방법은 무엇인지를 먼저 알아보고 시작하는 것이 현명한 처사다. 영어를 좀 하는 사람들의 의견을 들어 보면 크게 두 그룹으로 나뉘어 있음을 알 수 있다.

첫째, 어떤 사람들은 영어는 습관이므로 영국이나 미국 아이들이 영어를 배우듯 무조건 영어 문장을 계속해서 듣고 이해한 다음 암기하고 외워서 습관이 되게 하면 된다고 말한다. 그리고 영문법 공부는 오히려 시간만 낭비하는 일일 뿐 영어로 의사 소통을 하는 데는 별로 도움이 되지 않으니, 영문법 책은 덮고 무조건 따라 반복해서 연습하면 된다고 한다. 즉, 반복적인 연습을 통해서 습관을 만들고 습관이 되면 그것이 바로 영어를 잘하게 되는 비결이라는 논리다. 한마디로 '암기로 영어를 정복한다' 는 것이다.

그러나 다른 부류의 사람들은 첫 번째 부류와 다른 의견을 제시한다. 영문법이란 영어라는 언어를 어떻게 만들어 내는가를 규정하고 있는 원리 원칙인데, 그 원리를 모른 채 어떻게 영어를 할 수 있는가라고 반문한다. 영어를 제대로 하려면 영문법을 잘 이해해서 영문법에 맞는 바른 영어를 해야 그것이 진짜라는 것이다. 말을 하기 전에 문장이 만들어져야 하며 그 문장을 만들기 전에 문법을 알고 있어야 한다는 논리다. 한마디로 '영문법으로 영어를 정복한다'는 말이다.

이 두 부류의 말이 다 맞긴 하지만, 이 중 한 가지 방법으로만 공부해서 영어를 잘하게 된 사람들은 그리 많아 보이지 않는다. 이러한 의견 사이에서 영어를 배우려는 학습자들은 방황을 할 것이다. 어떻게 들어 보면 이 말이 옳은 것 같고, 어떻게 생각해 보면 저 말이 옳은 것 같기 때문이다. 그래서 이 방법을 한동안 사용해 보다가 안 되면 저 방법으로 바꿔 보고, 그 방법도 안 되면 이 책을 보고, 이 책도 안 되면 또 다른 유명한 책으로 바꾸어 공부해 보기도 한다. 이렇게 저렇게 방향을 바꿔 가며 시도해 보는 사이에 시간은 흘러, 영어 공부를 한 지 몇 년이 지나도 미국 사람과 만나면 사소한 의사 하나 제대로 표현하지 못하는 것이 우리가 직면한 영어 학습의 현주소다.

사람들이 "어떻게 하면 영어를 잘할 수 있지요?"라고 물으면, 나는 대답 대신 경험담을 들려 준다.

미국에서 대학을 다닐 때 특별 가산점을 받기 위해 어떤 프로젝트를 강의 시간에 설명해야만 했다. 미국에 간 지 불과 1년 정도밖에 되지 않았을 때니 영어 표현 능력은 정말 알량한 수준이었다. 반도체의 작동 원리를 학생들에게 영어로 강의한다는 그 자체만으로도 앞이 캄캄해지는 상황이었다. 그러나 다행히도 그 강의를 무사히 마치고 교수님으로부터 격려를 받았다.

사람들 앞에 서는 것조차 두렵던 상황에서 영어로 한 시간의 강의를 무사히 마친 뒤 친구들은 물론이고 교수님에게도 칭찬을 받게 된 데에는, 철저한 계획과 함께 목적하는 것을 세분화하여 하나씩 이루어 나간 것이유효했다.

먼저 강의 내용을 영화의 시나리오처럼 각본을 만들고 45분 동안의 강의 내용을 철저하게 암기하여 그 각본대로 진행시켰다. 즉, 다른 교수님들이 하는 강의를 보고 내가 강의해야 할 모든 내용을 교수님들이 하는 방법을 모방해서 영어로 각본을 만들었던 것이다. 그리고는 룸메이트에게 부탁해서 문장 하나하나를 교정 보게 한 후 그 내용을 녹음했다.

그런 다음 그 각본을 처음부터 끝까지 암기하고 시간이 날 때마다 빈 강의실에 들어가 혼자 연습했다. 물론 그 강의 각본은, 지우개를 떨어뜨렸을 때 다른 교수님들이 어떤 말을 하는가, 제스처는 어떤가, 또 어떤 말을 함으로써 질문을 뒤로 미루거나, 내가 학생들에게 어떤 질문을 함으로써 클래스의 분위기가 지루해지지 않을 것인가까지도 세심하게 연구해서 만든 것이었다. 그것을 나는 시간이 날 때마다 빈 강의실을 찾아다니며 혼자서 수십 번 강의를 해 보았다. 실제로 강의를 하기 전에 몇 번은 룸메이트 앞에서 연습하며 그가 지적하는 부분을 수정해 갔다.

그런데 놀라운 것은, 반도체의 작동 원리에 대한 프로젝트를 잘해서 그 과목에서 좋은 성적을 받기 위해 암기하고 연습한 것인데, 그 강의 내용을 수십 번 연습하다 보니까 다른 영어도 술술 나오게 되더라는 것이다. 혀가 가벼워지고 영어 문장의 단어 하나하나가 명확하게 들리는 것을 처음 경험하는 순간이었다. 그때 내가 느낀 것이 '아하, 바로 이거로구나!' 하는 것이었다. 영어로 강의해 보는 것도 값진 경험이었지만, 영어를 잘하려면 어떻게 하면 되는가를 체험하는 중요한 순간이었다. 덕분에 강의는 계획한 대로 무사히 잘 끝났던 것이다.

나의 영어 실력을 잘 알던 교수님은 강의가 끝나고 나서 평가하는 시간에 강의 내용에 대한 평가 대신 "어떻게 영어가 그렇게 늘었느냐?"는 질문을 던졌다. 나에게는 이 영어 강의를 준비하는 기간이 영어에 자신감을 준 첫 번째 계기가 되었다. 그 이후부터는 누가 영어 문제로 고민하면서 물으면 언제나 이 이야기를 단골 메뉴로 풀어 나갔다.

미국에서 대학을 졸업하고 미국 회사에서 오랫동안 소프트웨어 엔지니어로 일하면서, 또 미국에서 아이들이 태어나 어려서부터 영어를 배우며 자라는 과정을 보면서, 나는 영어라는 언어의 어려움과 필요성 그리고 미국 사회에서 영어를 불편 없이 구사한다는 것의 어려움이 무엇인지 어느 정도 알게 되었다. 뿐만 아니라 어떻게 해야 영어로 의사 소통을 하는데 불편하지 않은 수준에 이를 수 있는가를 직접 체험하며 살아왔으므로, 영어에 대한 관찰과 노하우도 나름대로 진지하다고 생각한다.

특히 나에게 처음으로 영어에 대해 자신감을 불어넣었던 그때 그 영어 강의의 경험은 바로 이 책에 소개하는 Divide and Conquer English(일명 50 English) 학습법의 모체가 되었다.

이 책을 쓰기까지 나에게는 한 가지 중요한 확신이 있었는데, 그것은 여기에서 소개하는 Divide and Conquer English 학습법(이후로는 DACE 학습법이라 부른다)으로 공부하면 실제로 영어를 잘할 수 있게 된다는 것이다. 나의 개인적인 경험뿐 아니라 이 학습법을 사용해 본 많은 사람들이 그것을 증명해 준다. 이미 이 방법을 사용해 본 사람들의 학습 소감 가운데 일부를 이 책의 앞머리에 올려놓았다. 이 DACE 학습법을 통해서 영어 학습에 확신을 갖게 된 사람들의 학습 소감이 여러분에게 도움이 되기를 바란다.

여러분은 영어를 하나의 의사 소통의 도구로써 자유자재로 이용하고 영어를 불편 없이 술술 말하고 싶은가? 그렇다면, 내가 여러분에게 말하고 싶은 것은 유창한 영어는 하루아침에 되는 것이 아니라 오랫동안의 꾸준한 노력과 연습의 결과라는 것이다. 씨를 뿌릴 때가 있고 물을 줄 때가 있다는 것이다. 씨를 뿌린 적도 없고 물을 준 적도 없는데 어떻게 열매를 거두겠는가? 독자가 이 책을 통해 씨를 뿌린다는 것은 저자가 지시하는 사항과 과제를 충실히 따르는 것이다. 나머지는 DACE 학습법이 여러분을 이끌어 줄 것이다.

II. 이 책의 목표와 학습 방향

내가 독자들에게 약속하는 것은 바로 이것이다.

이 책에 제시된 학습법을 마지막 단계까지 충실히 실천한다면,

우리나라 중학교 3학년 영어 교과서에 나오는 수준의 영어를

실생활에서 불편 없이 구사할 수 있게 된다는 것이다.

1. 이 책의 목표

이 책의 목표는 독자들 자신이 실제로 영어를 사용할 수 있게 하는 데 있다. 영어를 배우려는 사람들은 대리 만족에 대해서 주의해야 한다. 대리 만족이란 책의 저자나 강사가 영어를 잘하거나 강의를 잘하면 자신도 이미 그렇게 된 걸로 착각하는 경우를 말한다. 저자나 강사가 영어를 잘하는 것과 자신이 영어를 잘하는 것은 아주 다른 문제다. 즉, 내가 백 마디 영어를 잘하는 것보다는 이 책의 독자가 열 마디 영어를 잘하는 것이 독자들에게는 더 중요하다는 말이다.

이 책의 다음 목표는 독자로 하여금 실생활에서 영어를 사용할 수 있게 하는 데 있다. 어떤 종류의 영어인가? 우선은 별책 부록에 나와 있는 문장의 리스트를 한번 보기 바란다. 그 리스트에 나와 있는 정도로 영어를 사용할 수 있는 사람이라면 굳이 이 책의 방법을 사용하지 않아도 된다. 그러나 그 정도 수준의 영어를 자유롭게 하지 못하거나 아무리 해도 영어가 향상되지 않는 사람들은 이 방법을 먼저 시도해 봄으로써 많은 효과를 얻게 될 것이다.

이 책의 궁극적인 목표는 독자들이 2시간 정도 영어로 말할 수 있게 하는 것이다. 나중에 자세한 설명이 나오지만, 이 책의 학습법을 충실하게만 따라온다면 독자들은 3~6개월 이내에 2시간 정도 영어로 말할 수 있게 된다.

바로 이것이 독자들에게 약속하는 이 책의 목표다.

2. DACE(Divide and Conquer English) 학습법

DACE 학습법에서 사용하는 원리 중 하나는 학습의 목표를 낮게 잡는다는 것이다. 영어 공부를 하면서 가장 많이 범하는 실수는 영어 학습의 목표를 너무 높게 잡을 뿐만 아니라 그것을 너무 빨리 끝내려고 하는 데 있다. 몇 주만 공부하면 영어를 할 수 있다는 말을 들으면 '그것 좀 수상한데' 하면서도 그 말이 사실이기를 믿고 싶어하는 게 우리의 마음이다. 나는 최소한 3개월 동안 열심히 이 책에서 지시하는 대로 하면 부록에 있는 기본 50문장과 회화 50문장 정도 수준의 영어를 구사할 수 있음을 보증한다. 3개월이 지나서도 실력이 향상되지 않았다면, 그것은 이 책의 내용에 충실하지 않았던 탓이라고 확언할 수 있다. 적어도 3개월은 노력해 보라. 그러면 내가 말하는, 혀가 가벼워지고 단어 하나하나가 들리기 시작한다는 것의 의미를 체험하게 될 것이다.

여기에서 말하는 DACE 학습법은, 앞에서 언급한 암기를 통해 영어를 정복하는 방법과 영문법으로 영어를 정복하는 방법 중 어느 하나의 방법만으로는 영어를 정복할 수 없음을 시사하고 있다. 영어의 4개 분야, 즉 독해, 작문, 청취, 회화 이 네 가지를 다 잘하려면, 우리와 같이 한국어를 모국어로 사용하는 사람들은 영어의 기본 문장을 암기함으로써 영어를 습관으로 만드는 것은 물론, 영문법을 완전히 내 것으로 만들어 영문법 지식이 새로운 문장을 만들어 나가는 데 자신감을 줄 수 있도록 해야 한다는 것이다. '영어의 정복'을 장작을 불태우는 작업이라고 할 때, 기본 문장을 암기하는 것은 불쏘시개이며 장작은 영문법이라는 점을 강조하고 싶다. 장작을 태워 본 사람은 불쏘시개와 장작이 둘 다 똑같이 필요하고 중요하다는 점을 알 것이다.

불쏘시개는 불이 잘 붙는다. 그러나 불쏘시개만으로는 화력이 약하다. 즉, 암기에 의해 영어를 하는 사람들은 영어 표현에 한계가 있게 마련이다. 영어가 자유롭지 못한 것이다. 또한 장작만을 가지고 불을 피우려면 고생이 이만저만이 아니다. 간혹 장작만 가지고 불을 피우는 사람들도 있긴 하지만 아주 드물다. 장작은 일단 불이 붙었다 하면 화력이 세지만 거기에까지 갈 수 있는 성공률은 아주 낮다.

DACE 학습법은 암기로 시작해서 영문법으로 영어라는 장작을 태우는 것이다. 어설프게 많이 아는 것보다는 조금이라도 확실하게 알게 하기 위한 방법이다. 이 책의 궁극적인 목표는 독자로 하여금 DACE 학습법을 배운 뒤 그 내용을 영어로 강의할 수 있게 하는 데 있다. 이 내용을 영어로 2~3시간 강의할 수 있게 된다면 그때 여러분의 영어는 확실한 수준에 이르게 될 것이다.

DACE 학습법의 원리를 요약해 보면 다음과 같다. DACE 학습법은 아래의 아홉 가지 주요 내용을 습득하도록 구성되어 있다. 우선 DACE 학습법의 원리를 요약해 보자.

1) 영어는 일차적으로 습관이다

영어는 읽기, 쓰기, 듣기, 말하기를 다 잘해야 한다. 듣기와 말하기는 쓰기와 읽기보다 더 많은 노력과 연습이 필요하다.

2) 습관을 만들기 위해서는 먼저 암기를 해라

영어는 습관이기 때문에 학습자들이 영어로 말할 수 있게 하려면 적은 수의 문장, 이 경우에는 기본 50문장을 암기함으로써 그것을 통해 영어를 시작할 수 있도록 돕고 있다. 이 암기를 위해 여기서는 내가 특별히 고안한 암기법을 사용한다.

3) 습관은 반복적인 연습 없이는 안 된다

영어가 습관이 되기 위해서는 문장을 암기한 뒤에 자투리 시간을 이용해서 한 문장을 1,000번 정도 집중적으로 발음해 보는 연습과 노력이 필요하다.

4) 기초적인 습관이 되었으면 응용으로 범위를 넓힌다

기본 50문장을 중심으로 한 문장당 1~3개의 회화 문장과 5~8개 정도의 응용 문장을 학습함으로써 습득하는 영어 문장의 수를 2배 이상 늘려나간다.

5) 영어가 유창해지려면 순발력이 필요하다

학습자는 파트너와 학습한 문장에 대해 한국어, 영어 통역 연습을 함으로써 영어에 대한 순발력을 기른다.

6) 영어로부터 자유로워지려면 스스로 영문법 책을 써라

영문법은 우리와 같은 외국인이 영어를 배우는 데 필수적이다. DACE 학습법은 학습자로 하여금 영문법의 숲을 보도록 도와줌으로써 지금까지 암기한 문장뿐만 아니라 새로운 문장을 작문할 수 있게 한다. 영문법의 사항들도 매일 반복 학습하여 몸에 밴 지식이 되도록 한다.

7) 다른 사람에게 가르칠 수 없는 지식은 지식이 아니다

위의 내용을 확실하게 학습해서 자신감을 얻었으면 지금까지 학습한 내용을 다른 사람에게 가르쳐 봄으로써 본 영어 학습의 내용에 확신을 갖게 한다.

8) 영어를 배웠으면 사용해 보자

이 학습법의 내용을 한국어로 강의할 수 있으면, 그 내용을 다시 영어로 강의해 본다. 이것이 DACE 학습법의 기본적인 목표다. 학습자가 2시간 정도 DACE 학습법을 영어로 강의할 수 있을 정도가 되면 그 독자는 영어의 기초를 탄탄하게 다졌다고 볼 수 있다.

9) 영미 문화를 알면 영어가 쉬워진다

영화를 통해서, 혹은 영어 연수 여행을 통해서 영미 문화를 알게 되면 균형 잡힌 학습을 할 수 있다.

이 원리에 따라 공부하기 전에 아홉 개의 과정이 구체적으로 무엇을 의미하는지 생각해 보자.

1) 영어는 일차적으로 습관이다

영문법의 중요한 목적 중의 하나는 바른 영어 문장의 작성에 있다. 문법에 맞지 않는 영어를 사용하면 사람들이 이해하지 못한다. 그래서 영문법의 지식을 이용해서 영어 문장을 바르게 작성하는 것이 중요하다는 것이다. 하지만 영문법을 마스터해서 그 지식을 토대로 영어 문장을 작문하여 영어로 말하게 되기까지는 많은 노력과 시간이 필요하다. 그러나 이미 문법적으로 바르게 작문한 영어 문장을 암기해서 말하면 영문법 학습이 요구하는 긴 학습 시간을 단축시킬 수 있다.

특히 영어를 제대로 발음하기까지는 많은 시간과 연습이 필요하므로, 기본이 되는 문장을 가지고 영어의 발음을 빨리 익히는 것이 무엇보다 중요하다. 이때 조심해야 할 것은, 많은 문장을 공부하려고 욕심을 내선 안 된다는 점이다. 처음에 이 책에서는 기본 50문장을 공부하게 된다. 이 책을 사용하기 위해서는 적어도 다음 장에 나오는 기본 50문장 정도는 읽고 해석할 수 있어야 할 뿐만 아니라 한국어 해석을 보면서 영어로 작문하거나 암기할 수 있어야 한다. 이 DACE 학습법을 성공적으로 사용하기 위해서는 중학교 2학년 이상의 영어 실력을 갖추고 있는 게 좋다.

먼저 기본 50문장을 살펴보라. 영어 문장을 읽고 해석할 수 있는가? 또 한국어 번역을 읽고 영어로 말할 수 있는가? 우선 여기까지는 여러분이 스스로 공부해야 할 몫이다.

2) 습관을 만들기 위해서는 먼저 암기를 해라

기본 50문장의 해석과 작문이 된다면, 그것을 책을 보지 않고 영어로 말할 수 있는지를 점검하라. 각 문장 하나하나를 알고 있으니까 기본 50문장을 쉽게 말할 수 있을 것 같지만, 각 문장을 안다고 해서 외국 사람들을 만났을 때 그런 영어를 사용할 수 있는 것은 아니다. 우선 서툰 발음일지라도 소리내어 줄줄 읽어 보는 것이 필요하다. 적어도 기본 50문장 정도는 책을 보지 않고서 영어로 말할 수 있도록 목표를 잡아야 한다.

책을 덮으면 깜깜해지는 분들은 내가 개발한 기억법을 통해서 기본 50

문장을 쉽게 기억해 낼 수가 있을 것이다. 그러기 위해서는 공부를 해야 한다. 지금까지 이 방법을 소개받은 사람들은 거의 다 기본 50문장을 쉽게 기억했다. 책 앞머리에 실린 경험자들의 학습 소감을 참고하면 도움이 될 것이다. 따라서 여러분이 영어로 된 문장 하나하나를 해석할 수 있고 또 한국어를 듣고 영어로 말할 수만 있다면, DACE 학습법은 여러분이 기본 50문장을 책을 보지 않은 상태에서 술술 말할 수 있도록 도울 것이다.

3) 습관은 반복적인 연습 없이는 안 된다

문장을 암기하려는 목적은 무엇인가? 문장을 암기하는 이유는 책을 보지 않고 그 문장을 반복적으로 연습함으로써 영어에 습관을 들이기 위해서다. 선배들이나 영어를 잘하는 사람들로부터 영영사전을 사용하면 영어 공부에 도움이 된다는 말을 들어 본 적이 있을 것이다. 영영사전을 사용하는 근본적인 이유는 영어에 더 가깝게, 익숙하게 접해 보라는 것이다. 그러나 DACE 학습법은 적은 양의 영어라도 그것에 자주 접하는 방식을 택하고 있다. 왜냐하면 우리는 비영어권에 살고 있기 때문에 적은 수의 영어 문장이라도 먼저 확실하게 내 것으로 만들어 놓는 일이 중요하기 때문이다. 즉, 1,000문장을 알지만 하나도 사용하지 못하는 것보다는 100문장밖에는 몰라도 그 문장들을 완벽하게 사용할 수 있는 것이 낫다는 말이다.

그러면 어느 정도 반복해야 하는가? 이 책에서는 약 3개월 동안에 영어의 기초를 잡는 것을 목표로 하기 때문에, 기본 50문장을 3개월 동안 약 1,000번 정도 반복 연습할 것을 요구한다. 기본 50문장을 책을 보지 않고 영어로 잘 말할 수 있게 되려면, 하루에 각 문장을 30번씩 반복 연습해야 한다. 30번? 겨우? 하고 얕잡아 볼 수 있으나 사실 이것은 매우 힘든 일이다. 왜냐하면 기본 50문장을 30번씩 큰 소리로 연습하기 위해서는 약 3시간 30분 정도가 걸리기 때문이다. 입시나 회사 일로 인해 눈코 뜰 새 없는 독자들에게 하루에 영어 공부를 위해서 3시간 이상 투자하라고 한다면, 그것은 사실상 영어 공부를 하지 말라는 이야기나 다를 바 없을 것이다.

그래서 DACE 학습법에서는 특별히 시간을 내서 영어 공부하는 것을 권하지 않는다. 여러분이 하루를 지내면서 의미 없이 흘려 버리는 자투리 시간은 3시간보다 훨씬 많다. 이 자투리 시간을 이용해서 영어 공부를 해야 한다. 한 문장을 30번 연습하려면, 영어가 아직 서툰 사람들의 경우 처음에는 약 4분 정도 걸릴 것이다. I need to fix my car as soon as possible. I need to fix my car as soon as possible. I need to fix my car as soon as possible. I need to fix my car as soon as possible. …… 이런 식으로 30번 한다는 말이다. 언제든 자투리 시간이 생기면 한 문장을 시작해서 끝을 낸다. 출퇴근 시간이나 휴식 시간, 누구를 기다리거나 운전을 하며 우리가 무료하게 보내던 시간을 이제는 기본 50문장을 연습하는 데 사용하는 것이다. 처음에는 주변에 사람들이 있는 자리에서 중얼거리기가 좀 쑥스러울 것이다. 그러나 나중에 이 DACE 학습법이 정말 영어를 잘하게 해 준다는 사실을 알게 되면 쑥스러움은커녕 신이 나서 더욱 열심히 하게 될 것이다. 여러 가지 사정상 30번을 하지 못하는 사람들은 20번, 10번, 아니면 5번을 해도 좋다. 30번은 3개월에 영어의 기초를 잡기 위한 것이니, 10번밖에 하지 못하는 상황이라면 영어의 기초를 잡는 시간을 3배로 잡으면 되는 것이다.

그러나 아무리 시간이 없다고 해도 최소한 3번은 연습을 해야 한다. 즉, 아침에 일어나서 샤워를 하면서 한 번, 점심 식사 후에 한 번 그리고 잠자리에 들기 전에 한 번, 이렇게 3번은 연습을 해야 DACE 학습법을 바르게 사용하는 것이다. 이렇게 하지 못한다면 이 DACE 학습법이 보증하는 모든 성공은 기대할 수 없다.

4) 기초적인 습관이 되었으면 응용으로 범위를 넓힌다

기본 50문장이 어느 정도 익숙해지면 간단한 단어를 바꿈으로써 다른 말을 해 보는 응용 연습을 한다. 이것은 아주 기초적인 응용이므로 영문법을 잘 몰라도 눈치로 할 수 있는 그런 기초적인 응용이다. 예를 들어 I need to fix my car as soon as possible.이라는 문장이라면, 기초적인 응용 문장 연습은 단어 car를 computer로 바꾸어 I need to fix my computer as soon as possible.이라는 문장으로 말해 보는 것이다. 물론 문법에 따라 주어와 동사, 목적어를 바꾸는 연습도 가능하다. I need to fix my car as soon as possible.이라는 문장은 조금만 응용하면 She has to fix her computer as soon as possible. 식의 문장으로 바꿀 수 있다. 이런 식의 응용 연습을 통해서 독자는 약 150여 개의 문장을 공부하게 된다.

이런 응용 문장 이외에 기본 50문장과 짝을 이루는 회화 50문장을 만들 수 있다. 이 회화 문장은 일단 기본 문장을 순서대로 익히고 나면 쉽게 습득이 되도록 구성되어 있다. 이 회화 문장은 여러분들의 회화 실력을 향상시키는 중요한 요소가 될 것이다. 예를 들면 I need to fix my car as soon as possible.이라는 문장은 What's the matter with you? What's bothering you now?라는 회화 문장과 짝을 이룬다. '무엇이 문제인가?' '무엇이 걱정인가?' 하는 질문에 대한 자연스런 반응으로, 차가 고장나 서 빨리 고쳤으면 좋겠다는 말과 이어지는 것이다. 여러분은 기본 문장 에 따라오는 회화 문장을 쉽게 습득할 수 있다.

5) 영어가 유창해지려면 순발력이 필요하다

여기까지 오게 되면 발음은 좋지 않더라도 영어 문장을 책을 안 보고도 말할 수 있게 된다. 영어를 잘한다 혹은 유창하게 한다는 것은 순발력이 있다는 것을 의미한다. 영어를 듣고 바르게 이해하고, 바른 영어를 즉시 구사할 수 있는 능력이 바로 순발력이다. 이 순발력은 영어를 한국어로, 한국어를 영어로 통역하면서 길러진다. 파트너와 함께 이제까지 공부한 문장을 서로 테스트해 보는 훈련이 반드시 필요하다.

처음에는 잘하던 사람들도 어느 정도 수준에 이르러 파트너와 연습을 하 지 못해서 제자리걸음을 하는 경우가 많다. DACE 학습법은 반드시 파 트너와 함께 연습하는 것을 전제로 한다. 파트너 선정은 자기와 맞는 사 람을 선택하되 가능하면 이성 파트너를 구하는 것이 좋다. 경험으로 미 루어 보아, 이상하게 남자 대 남자 파트너는 오래가지 못하는 경향이 있 음을 알 수 있었다. 여자 대 여자 파트너는 그래도 오래가는데……. 서로 에게 호감을 가질 수 있는 이성 파트너와 함께 공부할 때 효과가 아주 좋 았다. 여러분이 어떤 파트너를 구하든 반드시 파트너와 함께 통역 연습 을 해야 함을 다시 한 번 강조한다.

파트너와 얼굴을 맞대고 함께 연습하면 가장 좋지만 그렇지 못한 경우에 는 전화로라도 5~10분 정도 영어로 말하면 한국어로 통역하고, 한국어로 말하면 영어로 통역을 해 보는 것을 게을리 하지 말아야 한다. 파트너와의 연습은 처음에는 DACE 학습법에서 배운 문장의 범위 내에서 한다.

6) 영어로부터 자유로워지려면 스스로 영문법 책을 써라

영문법을 통해 영어 문장의 구성을 확실하게 알아야 한다. 시험을 보기 위한 암기에서 벗어나, 어떻게 문장이 구성되며 어떻게 하면 효과적인 문장을 작성하고 이해할 수 있는가에 대한 연구로 자세가 바뀌어야 한다. 그 많은 시간을 영문법에 투자하였지만 결국 무엇이 남았는가? 그것을 생각해 볼 때, 영문법을 덮어도 된다는 말이 반신반의해지는 것이다. 그러나 영문법은 영어를 자신 있게 혹은 고급 영어를 구사하기 위해 반드시 필요하다. 영문법을 공부할 때에도 너무 많은 욕심을 내지 말고 중학교 1학년 정도 수준의 영문법부터 마스터해 나가기를 바란다. 목표를 너무 높게 잡으면 매번 실패하게 된다. 그리고 실패를 되풀이하는 가운데 자신에 대한 죄책감이 생기고 부정적인 사고를 하게 된다. 일주일 정도면 달성할 수 있는 아주 쉬운 것을 목표로 삼아 반드시 성취할 수 있도록 노력하라. 작은 목표지만 그것을 달성했을 때 성취감을 갖게 되며 그 성취감은 긍정적인 사고 방식을 갖도록 도와줄 것이다.

DACE 학습법에서는 여러분들이 중학교 3학년 수준의 영문법을 마스터하는 것을 중간 목표로 잡고 공부하라고 권하고 있다. 이 책에서는 영문법에 대해 따로 논하지 않는다. 대신 영문법에 관한 좋은 교재나 참고서들이 이미 출판되어 있으므로 그런 교재를 사용해서 내가 지시하는 바를 실천해 보기 바란다. 영문법을 공부할 때에도 마찬가지다. 영문법을 일목요연하게 꿰고 있다고 해서 영어를 잘한다고는 말할 수 없다. 시험을 잘 볼 수 있을지는 몰라도 영어로 의사 소통을 하는 데에는 별로 도움이 되지 않을 것이다. 즉, 영문법도 습관화되어야 하는 것이다.

우선 영문법의 용어를 이해하라. 영문법의 용어를 바르게 이해하는 것이 영문법 정복의 첩경이다. 영문법 교과서에 나오는 영문법의 용어는 약 30여 개다. 1) 문장, 2) 8품사, 3) 명사, 4) 대명사, 5) 관사, 6) 형용사, 7) 부사, 8) 동사, 9) 조동사, 10) 동사의 시제, 11) 진행형, 12) 문장의 주된 4요소, 13) 문장의 종류, 14) 문장의 5형식, 15) 구, 16) 절, 17) to부정사, 18) 동명사, 19) 분사, 20) 비교, 21) 완료시제, 22) 수동태, 23) 관계대명사, 24) 관계부사, 25) 부가의문문, 26) 간접의문문, 27) 접속사, 28) 가정법, 29) 전치사, 30) 시제 일치, 31) 화법 등이다.

위의 16번까지는 DACE 학습법의 기본 50문장을 암기하면 영문법의 제목을 기억할 수 있게 이 책이 구성되어 있다. 그것에 간단한 사항을 붙여 나가면 곧 중학교 3학년 수준의 영문법 실력을 갖출 수 있다. 어떻게 공부하는 것이 영문법을 바르게 공부하는 것일까? 나는 여러분이 중학교 3학년 수준의 영문법 책을 쓴다고 생각하고 정리해 보라고 권한다. 적어도 1번부터 16번까지는 순서대로 각 항목에 따른 영문법에 대해 참고서를 보지 않고도 설명할 수 있어야 영문법이 내 것이 되었다고 할 수 있을 것이다.

7) 다른 사람에게 가르칠 수 없는 지식은 지식이 아니다

'다른 사람에게 가르칠 수 없는 지식은 지식이 아니다' 라는 말이 있다. 이 말은 DACE 학습법이 추구하는 바와 같다. 기본 문장이건 영문법이건 책을 보지 않고 다른 사람에게 설명할 수 없다면 그것은 내 것이 아니다. 다른 사람에게 가르칠 수 있을 때 그 지식은 완전히 내 것이 된다. 어디를 가나 그 지식은 나와 함께 있게 된다. 그 지식이 바로 힘이 되는 것이다.

DACE 학습법을 통해 영어를 정복하고자 한다면 우선 이 DACE 학습법을 내 것으로 만들어야 한다. 내 것으로 만들기 위해 이 방법을 통해 공부할 뿐만 아니라 다른 사람에게도 가르쳐 보라. 지식도 나누면 두 배가 된다. 내가 이 방법을 강력하게 추천할 수 있는 근거는 나의 경험에 있다. 앞에서 말했듯이, 반도체의 작동 원리를 45분 동안 영어로 설명하기 위해서 강의를 준비하는 가운데, 그와 더불어 생각지도 못했던 영어 문제를 해결할 수 있었던 것이다.

다른 사람에게 자신이 알고 있는 것을 전달하기 위해서 얼마나 많은 시간을 들여 준비해야 하는가는 다른 사람들을 가르쳐 본 사람들은 잘 알 것이다. 그리고 일단 다른 사람에게 무엇을 가르칠 정도가 되었다면 그 사람은 그 내용을 누구보다 확실하게 알고 있는 것이다. 책을 보지 않고 어떻게 기본 50문장을 기억할 수 있으며, 그 문장으로부터 나오는 회화 문장과 응용 문장을 어떻게 공부할 것인가를 아는 것도 중요하지만, DACE 학습법의 목표는 거기에서 끝나지 않는다. 이 전체 강의를 한국어로 잘할 수 있다면 분명히 그 내용을 영어로도 강의할 수 있을 것이다.

8) 영어를 배웠으면 사용해 보자

어떤 사람이 한 가지 주제에 대해서 영어로 2시간 정도 강의할 수 있다면 그 사람은 영어를 웬만큼 하는 사람임이 분명하다. 우선 이 책에서는 독자들에게 약 100문장을 중심으로 영어로 강의해 볼 것을 권장하고 있다. 원어민들 앞에서 여러분이 영어로 2시간 정도 강의했을 때, 그들이 여러분의 강의를 알아들었다고 상상해 보라. 여러분이 이 책의 내용을 성실하게 따라온다면 그것은 시간 문제다.

9) 영미 문화를 알면 영어가 쉬워진다

언어는 문화의 산물이다. 그래서 문화를 알면 언어를 이해하기 쉽다는 것이다. 영미 문화에 접하는 가장 좋은 방법은 영국이나 미국에 직접 가서 살아 보는 것이다. 그것이 불가능하다면 영미 영화를 통해서 간접 경험을 할 수 있다. 여러 편의 영화보다는 배우들의 발음이 좋고 대화가 많으며 특수 효과가 거의 없는, 실제 연기에 충실한 영화를 하나 고른다. 그것을 여러 번 반복 시청함으로써 대사뿐 아니라 영화에 나오는 주변 환경을 모두 소화할 수 있도록 하는 것이 중요하다.

이 책에서는 위의 아홉 가지를 다음의 5단계, 1) 시작 단계, 2) 습관 단계, 3) 응용 단계, 4) 실습 단계, 5) 적응 단계로 나누어 소개한다.
이 5단계를 통과한 학습자는 기본 문장을 중심으로 응용 문장과 회화 문장에서 더 나아가 새로운 문장에 대한 읽기, 쓰기, 듣기, 말하기 등을 총체적으로 골고루 달성할 수 있다. 이 책에서 지시하는 대로 따라만 한다면, 독자의 환경에 따라 다르겠지만 약 3~6개월 이내에 영어에 대한 자신감을 갖게 됨은 물론 실제로도 영어를 잘할 수 있을 뿐만 아니라 영어를 잘할 수 있는 방법이 무엇인지 확실히 알게 될 것이다.

III. Divide and Conquer English 학습법의 5단계

이제 본격적인 DACE 학습법의 내용으로 들어가자.

첫 과제는 기본 50문장을 순서대로 큰 소리로 외우는 것이다.

그 구체적인 방법은 이 책에 모두 나와 있다.

독자들은 단지 이 방법을 착실히 따르기만 하면 된다.

1. 시작 단계

우선 DACE 학습법을 시작하기 전에 기본적으로 공부해야 할 기본 50문장을 잘 이해하고 있어야 한다.

✳ 1-1. 기본 50문장에 사용된 단어

다음에 나오는 기본 50문장은 DACE 학습법을 공부하는 데 있어서 가장 기본이 되는 문장이며, 책을 보지 않고 이 정도를 영어로 말하지 못한다면 아직 영어 공부를 본격적으로 시작했다고 할 수 없다. 따라서 이것을 기억해서 영어로 줄줄 말할 수 있다는 것은 매우 중요하다. 내가 지켜본 바에 의하면 영어 공부는 하고 싶은데 이 기본 50문장을 잘 이해하지 못해서 안타까워하는 사람들이 있었다. 문장 10개 중 모르는 단어가 3개 이상 나오거나 한글로 해석이 되지 않는다면, 우선은 기본 50문장을 이해할 수 있는 정도의 기초적인 단어와 문법 공부가 선행되어야 학습 효과가 제대로 나타난다. 그리고 기본 50문장을 읽거나 해석할 수는 있지만 정확한 발음이나 억양에 자신이 없다면, 본 책의 카세트테이프를 반드시 들어 가며 학습할 것을 권한다.

✳ 1-2. 기본 50문장의 이해

독자들은 이 문장을 보고 해석할 수 있어야 하며 한글 해석을 보고 영작을 할 수 있거나 기억이 되게끔 각자가 학습해야 한다. 문장 자체는 그리 어려운 것들이 아니기 때문에 대부분 잘 이해할 수 있을 것이다. 만일 이 부분이 되지 않는 독자들이 있다면 진도를 나가기에 앞서 기본 50문장 하나하나를 해석하고 작문할 수 있을 때까지 공부한 다음 진도를 나가기 바란다.

기본 50문장을 공부하는 데 있어서 해석과 작문 외에도, 그것이 어떤 상황에서 어떻게 사용되는지와 각각의 문장에서 도출되는 문법 항목(이것을 '문법 고리'라고 부른다)에 대해서도 알아 두어야 한다. 이 문법의 고리는 3장, 응용 단계에서 보다 자세하게 설명하겠다.

✴✴ 기본 50문장과 해석

00 _ Once you see all those animals, you should feel better.

일단 저 동물들을 보면 네 기분이 나아질 거야.

01 _ I need to fix my car as soon as possible.

가능한 한 빨리 내 차를 고쳐야 해.

02 _ I hope it snows all day long tomorrow.

내일 하루 종일 눈이 왔으면 좋겠어.

03 _ Can I get you anything?

뭐 좀 가져다 드릴까요?

04 _ How many apples did you eat today?

너 오늘 사과를 몇 개나 먹었니?

05 _ If it is possible, I'd like to have a Diet Coke.

가능하다면 다이어트 콜라로 먹겠습니다.

06 _ Whose cellular phone is this anyway?

도대체 이것은 누구 핸드폰입니까?

07 _ Richard, what are you doing up there?

리처드, 그 위에서 뭐 하세요?

08 _ Who is that? To tell the truth, I don't like him that much.

저 사람이 누구지? 솔직히 말해, 나는 그를 그다지 좋아하지 않아요.

09 _ One should keep one's promise; otherwise no one will trust him or her.

사람은 약속을 지켜야 해. 그렇지 않으면 아무도 그 사람을 믿지 않을 거야.

10 _ Speaking of the tennis match, this is John's last one of the season.

테니스 경기로 말하자면, 이것은 존의 그 시즌 마지막 경기입니다.

11 _ Do you know how to cook this?

이것을 어떻게 요리하는지 알고 있니?

12 _ I feel sick to my stomach.

배가 아프네.

13 _ Feel free to call me, whenever you want to play tennis.

테니스 경기를 하고 싶으면 사양하지 말고 언제든 내게 전화해요.

14 _ I have two sisters, and both of them are sick. To make matters worse, they have to take their final exams this week.

저에게는 누나가 두 명 있는데 모두 아파요. 설상가상으로 그들은 이번 주에 학기말 시험을 쳐야 합니다.

15 _ How come you are not wearing a yellow uniform today?

너는 오늘 왜 노란 유니폼을 입지 않았니?

16 _ I have to make a decision by 10:30.

나는 10시 30분까지 결정을 내려야 해.

17 _ How often do you play tennis?

얼마나 자주 테니스를 칩니까?

18 _ Do you mind if I give you some advice on that?
It is a very important tip on how to use the court.

제가 거기에 대해 조언을 좀 해도 될까요?

그것은 테니스 코트를 사용하는 데 매우 중요한 정보가 될 겁니다.

19 _ You are much better than me.

당신이 저보다 훨씬 잘하시는군요.

20 _ I can't believe this is the last summer camp that I am attending with you guys.

이것이 내가 너희들과 함께 참석하는 마지막 여름 캠프라니 믿어지지가 않는다.

21 _ There's some food on the table. Help yourself, but please don't feed the dog. We are trying to cut down the food cost.

식탁 위에 음식이 좀 있어요. 마음껏 들되, 개에게는 먹이지 마세요. 음식 비용을 절감하려고 합니다.

22 _ Is there a drugstore around here?

이 근처에 약국이 있나요?

23 _ Don't tell me you can't go there.

거기에 갈 수 없다는 말은 말아 줘.

24 _ You should call the doctor right away.

당장 의사를 부르는 게 좋겠어.

25 _ Would you bring more batteries for me?

배터리 좀 더 가져다 줄래요?

26 _ May I ask you where I can find those batteries?
I looked around everywhere but I couldn't find them.
Where did you put them?

어디 가면 그런 배터리를 찾을 수 있는지 알려 주시겠습니까?

사방을 다 뒤져 봤는데 찾지 못했어요. 어디에 두셨어요?

27 _ What is going on down there?

그 밑에 무슨 일이에요?

28 _ I had a hard time controlling the boat.

그 배를 조종하는 데 매우 힘이 들었어요.

29 _ Please forgive me this time. I will make sure it won't happen again.

한 번만 용서해 주십시오. 다시는 그런 일이 없도록 하겠습니다.

30 _ On a day like this, I would do anything for a cold drink.

오늘같이 더운 날엔, 찬 음료수를 위해서라면 뭐든지 하겠어.

31 _ What are you looking at?

뭘 보고 있니?

32 _ I heard you are moving to New York. Is that right?

뉴욕으로 이사한다고 들었는데, 그게 사실이니?

33 _ Is this the ring you were looking for?

이것이 네가 찾고 있던 반지니?

34 _ How much did you pay for that?

너 그것 얼마 주고 샀니?

35 _ How do you open this door?

이 문을 어떻게 여니?

36 _ I hate this. This kind of thing makes me really angry.

난 이런 것은 딱 질색이야. 이런 일은 정말 나를 화나게 만든다구.

37 _ We are very sorry for all the trouble we've caused you, but that's the way it is around here. Take it or leave it.

여러 가지로 폐를 끼쳐서 정말 죄송하지만, 세상일이란 게 다 그렇지요. 사든지 말든지 하세요.

38 _ Excuse me. How long will it take to fix it?

실례합니다. 그것을 고치는 데 시간이 얼마나 걸릴까요?

39 _ Oh my gosh! What a mess! What happened here?

어휴, 엉망이네. 여기 무슨 일이에요?

40 _ John promised to visit Paul's office before he leaves for Egypt.

존은 이집트로 떠나기 전에 폴의 사무실을 방문하기로 약속했습니다.

41 _ Let me know when she comes in.

그녀가 들어오면 내게 알려 줘.

42 _ Why don't you give her a call and remind her that I'll stop by around 9.

그녀에게 전화해서 내가 9시쯤 들를 거라고 말해 줘.

43 _ I wonder if this pearl necklace will make her happy.

이 진주 목걸이가 그녀를 행복하게 해 줄까 몰라.

44 _ Are you surprised at the news?

그 뉴스에 놀라셨나요?

45 _ Do you want me to verify that for you?

제가 그것을 확인해 드릴까요?

46 _ It was here on the table this morning but it's gone now.

아침까지만 해도 여기 책상 위에 있었는데 지금은 없어졌네.

47 _ It's obvious he failed the exam twice before he became a broadcaster.

그가 방송인이 되기 전에 그 시험에 두 번이나 떨어진 것이 분명해요.

48 _ The reason why he failed the exam was he simply didn't study hard enough.

그가 그 시험에 떨어진 것은 단지 그가 공부를 열심히 하지 않았기 때문이에요.

49 _ If he studies hard, he will pass the exam. That's for sure.

열심히만 공부한다면, 그는 그 시험에 합격할 겁니다. 그건 확실해요.

0번부터 49번까지의 기본 문장을 완전히 공부한 사람들만 다음 진도를 나가길 바란다. 영어로 읽고 한국어로 해석할 수 있어야 하며, 또 한국어 해석을 읽고 바르게 영작할 수 있어야 한다. 아직 발음이나 속도는 신경 쓰지 말고 기본 50문장에 대한 독해와 영작을 확인한 뒤 그것이 가능하면 다음 단계를 나간다.

❋ 1-3. 기본 50문장의 패턴

이번에는 같은 기본 50문장이지만 이것이 어떤 상황에서 사용되는지를 살펴보자.

즉, 00번은 'Once 주어＋동사 : 일단 주어가 동사하면' 이라고 되어 있는 데, once는 '일단 ～하면' 이라는 의미를 갖는 패턴 문장이다. 문장을 암기하는 것도 중요하지만 이 패턴이 어떤 경우에 사용되는가를 아는 것도 중요하다.

00 _ Once you see all those animals, you should feel better.

일단 저 동물들을 보면 네 기분이 나아질 거야.

pattern Once 주어＋동사 : 일단 주어가 동사하면

'일단 ～을 하면 …하게 될 것이다' 라는 일종의 조건적 용법의 구문이다.

ex) Once you taste it, you will like it. (일단 맛을 보면 너는 좋아할 것 이다.)

---

01 _ I need to fix my car as soon as possible.

가능한 한 빨리 내 차를 고쳐야 해.

pattern I need to＋동사원형 : 나는 동사원형하는 것이 필요하다

'to＋동사원형'은 부정사구이다. 어떤 행동을 표현하는 대신 간단히 어떤 사람이나 물건이 필요할 때는 to부정사 대신 명사를 사용하면 된다.

ex) I need money. (나는 돈이 필요해.)

02 _ I hope it snows all day long tomorrow.

내일 하루 종일 눈이 왔으면 좋겠어.

`pattern` I hope 주어＋동사 : 나는 주어가 동사하는 것을 원한다

hope의 목적어로는 to부정사구가 올 수도 있고, 하나의 절이 올 수도 있다. 주어와 hope 이하의 의미상의 주어가 일치할 때는 to부정사구가, 문장의 주어와 hope 이하의 의미상의 주어가 다를 때에는 절이 hope의 목적어가 된다.

ex) I hope to see you there. (나는 너를 거기에서 만났으면 해.)

　I hope you get married soon. (나는 너희들이 곧 결혼하기를 바래.)

---

03 _ Can I get you anything?

뭐 좀 가져다 드릴까요?

`pattern` Can I 동사 : 내가 동사할까요?

Can I … ?는 상대방의 허락이나 가능성을 묻는 구문이다. 같은 뜻으로, 보다 정중한 표현에는 May I …?가 있다.

ex) Can I smoke here? (여기에서 담배 피워도 되나요?)

---

04 _ How many apples did you eat today?

너 오늘 사과를 몇 개나 먹었니?

`pattern` How many 명사＋주어＋동사 : 얼마나 많은 명사를 주어가 동사했는가?

Wh…로 시작되는 what, where, who, why, which, when과 더불어 How로 시작하는 구문은 회화에서 많이 사용되는 구문이므로 잘 익혀 두기 바란다.

How many…, How much…는 모두 명사의 양을 묻는 의문문인데, How many는 셀 수 있는 명사인 경우, How much는 셀 수 없는 명사인 경우에 사용한다.

ex) How many dogs do you have? (몇 마리의 개를 갖고 있니?)

How much money do you have? (돈을 얼마나 갖고 있어요?)

----

05 _ If it is possible, I'd like to have a Diet Coke.

가능하다면 다이어트 콜라로 먹겠습니다.

pattern If it is possible, I'd like to 동사원형 : 가능하다면 나는 동사원형하겠다

이것은 아주 조심스럽게 자신의 의사를 표시할 때 쓰는 구문이다. I'd like to ~ 자체가 공손한 표현인데, If it is possible을 사용함으로써 공손함이 더욱 강조되었다.

ex) If it is possible, I'd like to postpone my appointment until next time. (가능하다면 약속을 다음으로 미루고 싶습니다.)

----

06 _ Whose cellular phone is this anyway?

도대체 이것은 누구 핸드폰입니까?

pattern Whose 명사+be 동사 : 누구의 명사인가?

여기에서 anyway는 '도대체' 라는 뜻으로 사용되었다.

ex) Whose car is this anyway? (도대체 이것은 누구 차야?)

07 _ Richard, what are you doing up there?

리처드, 그 위에서 뭐 하세요?

pattern What are you 동사원형＋ing : 당신은 무엇을 동사원형하고 있는가?

무엇을 먹는가? 무엇을 말하는가? 무엇을 읽는가? 등, 상대방이 현재 하고 있는

일에 대한 것을 질문할 때 what are you ~ing 구문을 사용한다.

ex) What are you talking about? (당신은 무엇에 대해 말하고 있는 겁

니까?)

---

08 _ Who is that? To tell the truth, I don't like him that much.

저 사람이 누구지? 솔직히 말해, 나는 그를 그다지 좋아하지 않아요.

pattern To tell the truth, 주어＋동사 : 사실을 말하자면, 주어가 동사한다

여기서 to tell the truth는 독립적인 구문으로, frankly speaking과 같은 의미

를 갖는다. 자신의 감정을 솔직하게 표현한다는 것을 강조함으로써, 상대방이

오해가 없기를 바랄 때 이런 구문을 사용한다.

ex) To tell the truth, I didn't do my homework. (사실을 말하면, 숙

제를 하지 않았습니다.)

---

09 _ One should keep one's promise; otherwise no one will trust him or her.

사람은 약속을 지켜야 해. 그렇지 않으면 아무도 그 사람을 믿지 않을 거야.

`pattern` 조건절, otherwise 주어+동사 : 조건절하다, 만일 그렇지 않으면 주어가 동

사한다

어떤 조건을 말하고, 그것이 만족되지 않으면 어떻게 된다는 말을 할 때 사용

하는 구문이다. 즉, otherwise 이하의 절은 앞의 절에서 제시된 조건이 만족되

지 않았을 때 일어나는 상황을 말한다.

ex) You should keep your promise; otherwise she will get very

upset. (너는 약속을 지켜야 해. 그렇지 않으면 그녀가 굉장히 화낼 거야.)

---

10 _ Speaking of the tennis match, this is John's last one of the season.

테니스 경기로 말하자면, 이것은 존의 그 시즌 마지막 경기입니다.

`pattern` Speaking of 명사, 주어+동사 : 명사로 말하자면, 주어가 동사한다

주로 어떤 말끝에, 화제를 전환하기 위해 취하는 구문으로 '~ 말이 나왔으니

말인데' 하는 뜻이다.

ex) Speaking of girls, is that true you like a heavy girl? (여자 이야

기를 하니 말인데, 너는 뚱뚱한 여자를 좋아한다며?)

---

11 _ Do you know how to cook this?

이것을 어떻게 요리하는지 알고 있니?

`pattern` Do you know how to 동사원형+목적어 : 당신은 목적어를 동사원형할 줄

아는가?

'How to+동사원형'은 항상 명사 취급을 한다. 상대방이 어떤 것을 할 줄 아는가를 묻는, 가장 흔히 사용되는 구문이므로 잘 연습해 두도록 한다.

ex) Do you know how to drive this truck? (당신은 이 트럭을 운전할 줄 아세요?)

---

12 _ I feel sick to my stomach.

배가 아프네.

`pattern` I feel 형용사 : 나는 형용사라고 느낀다

주로 기분이 좋지 않거나 몸의 상태가 좋지 않을 때 이 표현을 사용할 수 있다.

ex) I feel a little dizzy now. (지금 좀 어지러운데요.)

---

13 _ Feel free to call me, whenever you want to play tennis.

테니스 경기를 하고 싶으면 사양하지 말고 언제든 내게 전화해요.

`pattern` Feel free to 동사원형 : 사양하지 말고 동사원형하라

'to+동사원형' 하는 데 주저하지 말라(feel free)는 뜻으로 풀이될 수 있다. 이 문형도 회화에서 빈번하게 사용되므로, 연습을 잘해 둘 필요가 있다.

ex) Feel free to call me whenever you run out of money. I will take care of you. (돈이 떨어지면 언제든지 전화하세요. 제가 당신을 돌봐드릴게요.)

14 _ I have two sisters, and both of them are sick. To make matters worse, they have to take their final exams this week.

저에게는 누나가 두 명 있는데 모두 아파요. 설상가상으로 그들은 이번 주에 학기말 시험을 쳐야 합니다.

pattern I have 명사 : 나는 명사를 가지고 있다

ex) I have an idea but I am not going to tell you. (아이디어가 하나 있기는 한데, 말하지는 않을 거예요.)

I have two cars, and one is red and the other is yellow. (나는 자동차가 두 대 있는데, 하나는 빨간색이고 다른 하나는 노란색이다.)

---

15 _ How come you are not wearing a yellow uniform today?

너는 오늘 왜 노란 유니폼을 입지 않았니?

pattern How come 주어＋동사 : 주어는 왜 동사하는가?

How come …은 why의 구어체로, 부담 없는 사이에서 why 대신 많이 사용된다. How come? 자체만으로도 '왜?'라는 뜻으로 사용된다.

ex) How come you are off today? (어째서 당신은 오늘 쉽니까?)

---

16 _ I have to make a decision by 10:30.

나는 10시 30분까지 결정을 내려야 해.

pattern I have to 동사원형 : 나는 동사원형해야 한다

have to는 must와 같은 뜻으로 구어체에서 많이 사용된다. 특히 must는 과거나 미래형이 없기 때문에 과거나 미래의 must를 말할 때는 have to를 사용한다.

ex) I have to finish this job before 5 o'clock this afternoon. (나는 이 일을 오후 5시 전에 끝내야만 한다.)

---

17 _ How often do you play tennis?

얼마나 자주 테니스를 칩니까?

pattern How often do 주어＋동사 : 주어는 얼마나 자주 동사하는가?

'얼마나 자주 ～합니까' 라는 식의 질문을 할 때 사용하는 구문이다.

ex) How often do you come here? (얼마나 자주 이곳에 오시나요?)

How often should I take this medication? (얼마나 자주 이 약을 먹어야 합니까?)

---

18 _ Do you mind if I give you some advice on that?

It is a very important tip on how to use the court.

제가 거기에 대해 조언을 좀 해도 될까요?

그것은 테니스 코트를 사용하는 데 매우 중요한 정보가 될 겁니다.

pattern Do you mind if 주어＋동사 : 당신은 주어가 동사하는 것을 꺼려하는가?

직역하면 '～을 꺼리십니까?'지만 우리말로는 '～해도 될까요?'가 자연스럽다. 동사 mind에는 '꺼리다' 라는 부정의 의미가 있기 때문에 대답할 때 주의

해야 한다. 즉, 이 질문에 yes로 대답하면 '꺼린다' 의 의미가 된다. 따라서 승낙할 때는 yes가 아닌 no로 대답해야 한다.

ex) Do you mind if I smoke ? (담배 좀 피워도 될까요?)

---

19 _ You are much better than me.

당신이 저보다 훨씬 잘하시는군요.

pattern You are much 비교급 than : 당신은 than 이하보다 훨씬 비교급하다

very는 원급 형용사를 수식하고 much는 비교급 형용사를 수식한다는 점에 유의하라.

ex) You are much bigger than me. (당신은 나보다 훨씬 덩치가 큽니다.)

---

20 _ I can't believe this is the last summer camp that I am attending with you guys.

이것이 내가 너희들과 함께 참석하는 마지막 여름 캠프라니 믿어지지가 않는다.

pattern I can't believe 주어+동사 : 나는 주어가 동사인 것을 도저히 믿지 못하겠다

I can't believe that ~은 일종의 감탄문으로 해석된다.

ex) I can't believe you didn't go to school today. (네가 오늘 학교에 가지 않았다니, 믿어지질 않네.)

21 _ There's some food on the table. Help yourself, but please don't feed the dog. We are trying to cut down the food cost.

식탁 위에 음식이 좀 있어요. 마음껏 들되, 개에게는 먹이지 마세요. 음식 비용을 절감하려고 합니다.

pattern There is 명사 : 명사가 있다

이때 There에는 '거기' 라는 뜻이 없다. 단지 어떤 것이 존재한다는 말을 할 때 쓰이는 형식상의 주어일 뿐이다. 따라서 '거기' 라는 뜻을 보태고 싶을 때는 there를 한 번 더 사용해야 한다.

ex) There is a boy there. (거기에 소년이 한 명 있다.)

There is someone to see you. (어떤 분이 당신을 만나려고 와 계십니다.)

---

22 _ Is there a drugstore around here?

이 근처에 약국이 있나요?

pattern Is there 명사 : 명사가 있는가?

이 구문에서도 위의 경우와 마찬가지로 there는 '거기' 라는 뜻이 아니라 '~이 있습니까?' 에 따라오는 주어로 쓰였다.

ex) Is there an ATM machine around here? (이 근처에 자동현금지급기가 있습니까?)

23 _ Don't tell me you can't go there.

거기에 갈 수 없다는 말은 말아 줘.

pattern Don't tell me 주어+동사 : 주어가 동사한다는 말은 제발 하지 마라

'주어가 동사한다는 사실을 인정하고 싶지 않다' 라는 뜻이다. 우리말로는 '설마 ~인 것은 아니겠지' 쯤으로 해석된다.

ex) Don't tell me you're not going to do that now. (설마 지금 와서 그것을 하지 않겠다고 말하려는 것은 아니겠지.)

---

24 _ You should call the doctor right away.

당장 의사를 부르는 게 좋겠어.

pattern You should 동사 : 당신은 동사하는 편이 좋겠다

should를 사용하면 must보다는 부드러운 권유의 뜻이 된다.

ex) You should finish your homework before dinner. (너는 저녁 먹기 전에 숙제를 끝내는 것이 좋겠다.)

---

25 _ Would you bring more batteries for me?

배터리 좀 더 가져다 줄래요?

pattern Would you 동사원형 : 동사원형을 좀 해 줄래요?

같은 뜻으로 Can you ⋯?라고도 할 수 있으나, Would you ⋯?가 보다 정중한 표현이다.

ex) Would you close that window, please? (저 창문 좀 닫아 주시겠어요?)

26 _ May I ask you where I can find those batteries? I looked around everywhere but I couldn't find them. Where did you put them?

어디 가면 그런 배터리를 찾을 수 있는지 알려 주시겠습니까? 사방을 다 뒤져 봤는데 찾지 못했어요. 어디에 두셨어요?

pattern May I 동사원형 : 제가 동사원형해도 될까요?

May I …?에서 조동사 may는 질문을 받는 사람이 허락할 수 있는 권위가 있음을 내포하고 있다. 따라서 Can I …?보다 정중한 표현이 되는 것이다.

ex) May I ask where you are from? (어디 출신이신지 여쭤 봐도 될까요?)

---

27 _ What is going on down there?

그 밑에 무슨 일이에요?

pattern What is 동사원형+ing : 무슨 동사원형이 진행되고 있는가?

Wh… 의문문 중 what으로 시작하는 의문문이다. 통째로 외워 두면 두고 두고 유용한 표현이다.

ex) I don't know what's going on anymore. (어떻게 돌아가고 있는지 이젠 모르겠어.)

What is happening now? (무슨 일이 일어나고 있습니까?)

---

28 _ I had a hard time controlling the boat.

그 배를 조종하는 데 매우 힘이 들었어요.

pattern I had a hard time 동사원형+ing : 나는 동사원형하는 데 힘들었다

'이유' 또는 '시간'을 나타내는 ~ing 구문이다. ~ing 앞에 전치사 in을 넣어 I had a hard time in controlling the boat.라고도 한다.

ex) I had a hard time controlling these kids. (이 아이들을 다루느라고 애먹었어요.)

---

29 _ Please forgive me this time. I will make sure it won't happen again.

한 번만 용서해 주십시오. 다시는 그런 일이 없도록 하겠습니다.

pattern Please forgive ~. I will make sure it won't ~ : 제발 용서해 주세요. 다시는 won't 이하 하지 않을게요

Please는 명령문 앞뒤에 붙어 정중한 부탁을 나타내는데, 명사만으로도 부탁의 뜻을 나타낼 수 있다. 이때에는 '명사, please'의 형태를 띤다.

ex) Please say 'yes'. (제발 승낙해 주세요.)

ex) Number 2, please. (저는 2번을 주세요.)

---

30 _ On a day like this, I would do anything for a cold drink.

오늘같이 더운 날엔, 찬 음료수를 위해서라면 뭐든지 하겠어.

pattern On a day like this 또는 on days like these : 이런 날씨에는

전치사 on과 명사가 결합하여, '시간' 또는 '조건'을 나타내는 절의 역할을 대

신하고 있다. day 대신에 다른 환경을 가리키는 단어를 넣어 문장을 응용할 수 있다.

ex) On a day like this, I would stay home and watch TV. (이런 날에는 집에 앉아 텔레비전이나 보겠어.)

   On a situation like this, I'd rather not say anything. (이런 경우라면 아무 말도 하지 않는 편이 좋겠다.)

---

31 _ What are you looking at?

뭘 보고 있니?

pattern What+be동사+주어+동사원형 ing : 주어가 무엇을 동사원형하고 있는가?

의문사 what으로 시작하는 직접 의문문 구문이다. 직접 의문문이므로 주어, 동사의 위치가 도치되었다. 영어의 대표적인 의문 대명사, who, whose, whom, which, what과 의문 부사 when, where, why, how를 사용한 의문문 구문은 집중적으로 연습해야 한다.

ex) What was I thinking? (내가 도대체 무슨 생각을 했던 거지?)

   What are you talking about? (무슨 말을 하는 겁니까?)

---

32 _ I heard you are moving to New York. Is that right?

뉴욕으로 이사한다고 들었는데, 그게 사실이니?

pattern I heard 주어+동사+현재분사 : 듣자 하니 주어가 동사한다고 한다

만일 어떤 사람으로부터 이야기를 들었다면 'I heard from 사람 that 주어＋동사'라고 하면 된다.

ex) I heard you got a promotion. Congratulations! (승진을 하셨다고 들었습니다. 축하합니다.)

I heard from Susan that you are going to quit the job. (당신이 곧 이직할 것이라고 수잔으로부터 전해 들었습니다.)

---

33 _ Is this the ring you were looking for?

이것이 네가 찾고 있던 반지니?

pattern Is this 명사＋주어＋동사 : 이 명사가 주어가 동사하던 것인가?

Is this[that] 다음에는 구나 절 모두가 올 수 있다. 'Is this your first to＋동사원형?' 하면 '이번이 당신이 처음으로 동사원형합니까?'라는 말이 된다.

ex) Is this the book you were looking for this morning? (이것이 당신이 아침에 찾고 있었던 책입니까?)

Is this your first to go abroad? (이번이 당신이 처음으로 하는 해외여행입니까?)

---

34 _ How much did you pay for that?

너 그것 얼마 주고 샀니?

pattern How much do 주어＋동사원형 : 주어는 얼마나 동사원형하는가?

불가산명사의 양을 물어볼 때 쓰이는 의문문의 패턴이다.

ex) How much money do you need? (돈이 얼마나 필요하십니까?)

---

35 _ How do you open this door?

이 문을 어떻게 여니?

pattern How do you 동사원형 : 당신은 동사원형을 어떻게 하는가?

Wh…로 시작하는 의문문과 더불어, How로 시작하는 의문문 역시 철저히 숙지하기 바란다. 주어가 3인칭 단수 현재일 때는 do가 does로 바뀌며, 과거일 때는 did로 변한다.

ex) How do you say 'Hello' in Korean? (한국어로 'Hello' 는 뭐라고 합니까?)

---

36 _ I hate this. This kind of thing makes me really angry.

난 이런 것은 딱 질색이야. 이런 일은 정말 나를 화나게 만든다구.

pattern I hate 명사 : 나는 명사를 싫어한다

'난 이런 것은 딱 질색이야' 라는 감정을 나타낼 때 사용하는 구문이다. hate는 싫어하는 정도가 아주 강할 때 사용하고, 일반적으로 '좋아하지 않는다' 라는 정도로 말할 때는 dislike라고 한다. 어떤 행동을 하기 싫은 경우에는 명사 대신에 to부정사를 사용하면 된다.

ex) I hate him for no reason. (나는 이유 없이 그가 싫다.)

I hate to go there. (나는 정말 그곳에 가기 싫다.)

37 _ We are very sorry for all the trouble we've caused you, but that's the way it is around here. Take it or leave it.

여러 가지로 폐를 끼쳐서 정말 죄송하지만, 세상일이란 게 다 그렇지요.

사든지 말든지 하세요.

pattern We are very sorry for 명사 : 우리는 명사에 대해 정말 미안하다

sorry for ~와 함께 thank for ~도 많이 사용된다.

ex) We are very sorry for being late. (늦어서 대단히 죄송합니다.)

Thank you for your cooperation. (협조해 주셔서 감사합니다.)

---

38 _ Excuse me. How long will it take to fix it?

실례합니다. 그것을 고치는 데 시간이 얼마나 걸릴까요?

pattern How long 동사+주어 : 주어가 동사하는 데 얼마나 하는가?

여기서 will 대신에 does를 사용해도 뜻은 같다. How long does it take to get there? (거기까지 가는 데 시간이 얼마나 걸리지요?) 여기서 Excuse me.는 말하기 전에 상대방의 주의를 환기시키기 위한 목적으로 사용된 표현이다.

ex) How long will it take to finish this course? (이 과목을 끝내는 데 얼마나 걸리지요?)

---

39 _ Oh my gosh! What a mess! What happened here?

어휴, 엉망이네. 여기 무슨 일이에요?

pattern What a 명사 : 얼마나 놀라운 명사인가!

대표적인 감탄사 문형이다. 'What＋부정관사(＋형용사)＋명사＋주어＋동사' 에서 흔히 '주어＋동사' 를 생략한다.

ex) What a gentleman! (얼마나 멋진 분이신가!)

   What a beautiful day it is! (정말 화창한 날씨로군!)

------

40 _ John promised to visit Paul's office before he leaves for Egypt.

존은 이집트로 떠나기 전에 폴의 사무실을 방문하기로 약속했습니다.

pattern 주어 promise to 동사원형 : 주어가 동사원형하기로 약속하다

promise와 to 동사원형 사이에 목적어를 넣어, '～에게 동사원형할 것을 약속하다'라는 의미를 나타낼 수 있다.

ex) John promised me to come back tomorrow. (존은 내일 오겠다고 나와 약속했다.)

------

41 _ Let me know when she comes in.

그녀가 들어오면 내게 알려 줘.

pattern Let me 동사원형 : 나로 하여금 동사원형하게 하라

간접적인 명령문의 형식을 취하고 있지만, 우리말로 해석할 때는 문장의 목적어인 me를 주어처럼 해석해서 '내가 동사원형하게 하라' 로 한다. let me know는 let me 문형에서도 가장 자주 쓰이는 표현으로, 우리말로는 '나에게 알려 주세요' 정도가 된다. please를 붙이면 어조가 부드러워진다.

ex) Let me know if this is okay with you. (이것이 당신에게 괜찮은 지 알려 주세요.)

---

42 _ Why don't you give her a call and remind her that I'll stop by around 9.

그녀에게 전화해서 내가 9시쯤 들른다고 말해 줘.

pattern Why don't you 동사원형 : 당신은 동사원형하지 그래요?

권유할 때 쓰는 문형이다. Why not으로 줄여서 말할 수도 있다.

ex) Why don't you call me tonight? (오늘 밤에 전화 좀 주실래요?)

Why not see your lawyer? (변호사를 만나 보지 그래요?)

---

43 _ I wonder if this pearl necklace will make her happy.

이 진주 목걸이가 그녀를 행복하게 해 줄까 몰라.

pattern I wonder if 주어+동사 : 나는 주어가 동사할까 궁금하다

물론 If 대신에 다른 의문사가 이끄는 의문문이 올 수도 있다.

ex) I wonder why she said that? (그녀가 왜 그런 말을 했을까?)

---

44 _ Are you surprised at the news?

그 뉴스에 놀라셨나요?

pattern Are you 형용사 : 당신은 형용사하나요?

이 문장은 be surprised at이라는 수동태 구문이지만 'be+주어+형용사' 구문으로 보아도 된다. 이 경우에 주어의 '상태' 나 '존재' 를 나타내는 유용한 구문이 된다.

ex) Are you free tomorrow afternoon? (내일 오후에 시간 있으세요?)

---

45 _ Do you want me to verify that for you?

제가 그것을 확인해 드릴까요?

pattern Do you want me to 동사원형 : 당신은 내가 동사원형하는 것을 원하는가?

직역하면 '당신은 내가 동사원형하는 것을 원하는가?' 이지만, 우리말로는 간단히 '제가 동사원형할까요?' 정도도 무방하다.

ex) Do you want me to go there by myself? (제가 혼자 그곳에 갔으면 싶으세요?)

---

46 _ It was here on the table this morning but it's gone now.

아침까지만 해도 여기 책상 위에 있었는데 지금은 없어졌네.

pattern It was A but B : A였는데 지금은 B이다

A but B에서 중요한 것은 B이다. 따라서 but이라는 접속사가 나오면 뒤에 나오는 이야기를 잘 들어야 한다.

ex) It was there this morning, but I guess it's gone now. (아침에만 해도 거기 있었는데, 지금은 없어진 것 같아요.)

47 _ It's obvious he failed the exam twice before he became a broadcaster.

그가 방송인이 되기 전에 그 시험에 두 번이나 떨어진 것이 분명해요.

pattern It's obvious 주어+동사 : 주어가 동사한 것이 분명하다

가주어 It이 that 이하의 진주어절을 끌어 주는 문형인데 that이 생략되었다.

ex) It is obvious he couldn't escape from the fire. (그가 불길로부터 탈출하지 못한 것이 분명하다.)

---

48 _ The reason why he failed the exam was he simply didn't study hard enough.

그가 그 시험에 떨어진 것은 단지 그가 공부를 열심히 하지 않았기 때문이에요.

pattern The reason why 주어+동사 : 주어가 동사한 이유는 ~

관계부사 why는 형용사절을 이끌고 여기에서 주어인 the reason을 수식해 주고 있다. 'The reason why+주어+동사'는 많이 쓰이는 구문으로 잘 익혀 두기 바란다.

ex) The reason why he couldn't call home was he didn't have any coins. (그가 집에 전화를 하지 못한 이유는 동전이 없어서였다.)

---

49 _ If he studies hard, he will pass the exam. That's for sure.

열심히 공부한다면, 그는 그 시험에 합격할 겁니다. 그건 확실해요.

pattern If 주어+동사, 주절 : 주어가 만일 동사한다면 주절이다

If로 시작되는 문장이라고 해서 다 가정법 문장은 아니다. 여기서는 단순 조건절을 이끄는 if이다.

ex) If I don't go there, then I will wash the dishes tonight. (내가 그곳에 가지 않는다면, 오늘 밤 설거지는 내가 할게.)

독자는 위의 기본 50문장을 어떤 경우에 사용하는지 알고 있어야 한다. 예를 들어 '일단 ~하면' 이라는 유형의 말을 하려고 할 때 'Once 주어+동사' 라는 문장으로 말이 시작될 수 있도록 기본 50문장의 패턴을 학습해 둔다.

우리가 굳이 패턴을 공부하고 외우는 이유는 '순발력' 을 키우기 위해서다. 영어 문장을 이해하고 해석하는 것도 중요하지만 한국어를 영어로 바꾸는 것도 너무나 중요하다. 그것이 되어야 영어에 순발력이 생긴다.

기본 영어 문장 50개만 외워서는 막상 영어로 말을 하려 할 때 해당 영어 패턴이 떠오르지 않는다. 기본 50문장을 공부할 때 영어 문장과 더불어 한국어 문장과 패턴을 외우면 이런 문제는 자연히 해결된다.

✳ 1-4. 기본 50문장을 순서대로 기억하기

앞에서 공부한 대로 학습자는 기본 50문장 하나하나를 개별적으로 해석하고 영작할 수 있어야 한다. 다시 한 번 강조하지만, 만일 이것이 되지 않았다면 다시 뒤로 돌아가 기본 50문장에 대해 개별적인 해석과 영작을 반드시 마치고 이 단원으로 넘어오기 바란다. 전체 DACE 학습법 중에 한 과정이라도 소홀히 하거나 대충 넘어가면 결국 목표 달성을 기대하기가 힘들기 때문이다.

영어를 한다는 것은 결국 외국 사람을 만났을 때 그들과 영어로 의미 있는 대화를 할 수 있다는 것을 의미한다. 사전을 찾으며 말하거나 회화책을 들추어 가며 대화하는 것은 진짜 의사 소통이 아니다. 영어를 한다는 것은 우리가 한국어를 하듯이 그들과 자연스럽게 대화를 나누는 것을 의미한다. 물론 책을 안 보고 하는 것이다. 다른 것을 말하기 전에 이미 공부한 바 있는 기본 50문장을 책을 보지 않은 상태에서 영어로 해 보라. 이미 이 기본 50문장을 한 문장 한 문장 해석도 하고 작문도 했으니, 적시에 구사하는 것은 별 어려움이 없을 것이다. 그렇지 않은가?

우선 책을 덮고 백지에 0번부터 49번까지의 문장을 써 내려가거나 소리 내어 암기해 보라. 몇 개나 암기가 되는가?

Once you see all those animals, you should feel better.

I need to fix my car as soon as possible.

I hope it snows all day long tomorrow.

Can I get you anything?

How many apples did you eat today?

……

솔직히 몇 문장이나 기억할 수 있는가? 아주 실망스러운 수준이라 해도 기죽을 필요는 없다. DACE 학습법은 당신처럼 보통의 기억력을 가진 사람들을 위해 개발되었기 때문이다. 내가 DACE 학습법을 소개하지 않은 상태에서 테스트해 본 대부분의 학생들은 7~8개의 문장이 지나고 나면 어느 것이 먼저인지를 몰라 당황하고, 끝내는 기본 50문장을 기억하지 못한 채 포기하고 말았다. 이것이 바로 수많은 영어 학습자들을 좌절시키는 기본적인 문제 중의 하나다.

DACE 학습법을 공부하기 전에 기본 50문장 중 몇 개를 기억했는지 적어 두도록 하라.

기본 50문장을 순서대로 암기하지 못하는 사람들은 이제부터 내가 설명하는 것을 충실하게 따라 하면 적어도 2주일 정도 후에는 기본 50문장을 눈을 감고도 줄줄 욀 수 있을 것이다. 기본 50문장을 눈을 감고 영어로 말할 수 없다면, 미안하지만 여러분은 아직 영어 공부를 시작한 것이 아니다. DACE 학습법에서는 학습자가 기본 50문장을 순서대로 영어로 말할 수 있을 때 비로소 영어 공부를 할 준비가 끝난 것으로 본다.

DACE 학습법에서는 이 기본 50문장을 통해서 영어의 기초적인 습관을 들일 뿐만 아니라 반복적인 훈련을 통해 구강 기관, 즉 혀와 입술과 턱 등의 운동을 시작하는 것이다. 이런 운동을 하기 전에 반드시 필요한 것이 기본 50문장을 머리 속에 기억하고 있느냐 하는 것이다. 책을 읽을 때는 이해가 되어 다 아는 것 같지만, 막상 책을 덮으면 아무것도 생각나지 않아 무슨 말을 해야 할지 모르겠다는 사람들이 있다. 이해가 되는 것과 암기가 되는 것은 매우 다르며, 영어를 습관화하려면 암기가 되어 책을 보지 않고도 영어로 말할 수 있을 정도가 되어야 한다. 이제 나는 독자 여러분이 기본 50문장을 이해한 것으로 간주하고, 그 상태에서 어떻게 기본 50문장을 암기할 수 있는가에 대해서 설명하겠다.

한 문장씩은 독해할 수 있고 영작도 가능하지만 50개의 문장 전체를 암기하라고 하면 안 되는 이유가 무엇일까? 기억력에 문제가 있는 것일까? 아니다. 컴퓨터에는 기억하고자 하는 데이터(data)와 기억시키는 장소를 지정하는 주소(address)가 있다. 이때 주소 라인이 잘못되면 컴퓨터는 데이터를 찾지 못한다. 이와 마찬가지로 우리 머리 속에도 컴퓨터의 주소 라인과 같은 것이 있는데, 이 부분의 활동이 약하면 어떤 내용을 이해하기는 해도 기억하지는 못하는 것이다. 따라서 이 주소 라인의 문제를 해결하면 이해하는 것을 바로 기억할 수 있게 된다. DACE 학습법은 이런 원리를 이용해서 학습자로 하여금 짧은 시간 내에 기본 50문장을 암기하도록 하는 기억법을 제시하고 있다.

✳ 1-5. 기억을 위해 필요한 주소와 데이터

기억 과정을 이해하기 위해서 컴퓨터의 기억 장치를 잠시 살펴보기로 하자. 컴퓨터가 입력된 정보를 기억하려면 주소(Address)와 데이터(Data)가 있어야 하는데, 컴퓨터의 기억 장치 중에는 수백만 개의 주소 라인이 있다. 이 수백만 개의 주소 라인(Address line) 중에 한 개만 잘못되어도 그 컴퓨터는 정상적으로 작동하지 않는다. 기본 50문장을 이해는 하지만 기억하지 못하는 것은 우리 머리 속에 있는 이 주소 라인에 문제가 있기 때문이다.

이것을 설명하기 위해서 다음과 같은 실험을 해 보도록 하자. 이 실험은 아주 간단한 것이지만 DACE 학습법을 공부하는 데 핵심이 되는 개념을 제공하므로, 이 실험이 의미하는 것을 깊게 관찰하기 바란다.

실험 도구
네모난 빈 상자 한 개와 네 개의 병뚜껑을 준비한다. 병뚜껑 위에는 1, 2, 3, 4라고 쓴다.

실험 1
이 실험은 실험자가 1, 2, 3, 4라고 적힌 네 개의 병뚜껑을 상자 안에 넣었다가, 테스트하는 사람이 몇 번의 병뚜껑을 꺼내 보라고 하면 꺼내는 간단한 실험이다. 실험자는 빈 상자의 안을 보지 않아야 한다. 실험자는 병뚜껑을 3, 1, 4, 2의 순서로 하나씩 집어 네모난 상자 안에 넣는다. 이제 눈을 감고 상자 속에 있는 병뚜껑을 집어넣은 순서, 즉 3, 1, 4, 2를 순서대로 하나씩 꺼내 본다. 3, 1, 4, 2를 순

실험 1

실험 2

서대로 꺼낼 수 있었는가? 없었다면 왜 없었을까?

이 실험을 몇 번 반복해 보라. 빈 상자에 네 개의 병뚜껑을 하나씩 집어넣은 뒤에 실험자가 상자 안을 보지 않고 원하는 번호의 병뚜껑을 꺼낼 수 있는가?

어떻게 하면 실험자가 원하는 번호의 병뚜껑을 꺼낼 수 있을까? 생각을 해 보자.

이번에는 같은 실험이지만 좀 다르게 해 보도록 하자.

실험 2

이번 실험도 실험자가 1, 2, 3, 4라고 적힌 네 개의 병뚜껑을 상자 안에 넣었다 가, 테스트하는 사람이 몇 번의 병뚜껑을 꺼내 보라고 하면 꺼내는 간단한 실험 인데, 첫 번째와 조금 다르다.

실험자는 마음속으로 네모난 상자의 네 모퉁이에 1, 2, 3, 4의 번호를 매긴다. 어떤 방식으로 번호를 매겨도 되지만, 실험자와 가장 가까운 모서리를 1로 정하고 시계 방향으로 각각의 모서리를 2, 3, 4로 정하는 것이 편리하다. 실험자는 병뚜껑을 3, 1, 4, 2의 순서로 네모 상자 안에 집어넣는다. 이번 실험이 첫 번째 실험과 다른 것은, 병뚜껑과 같은 번호를

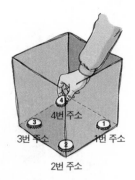

가진 모서리에 해당 병뚜껑을 집어넣는 것이다. 즉, 3, 1, 4, 2의 병뚜껑을 넣을 때, 병뚜껑 3은 방금 마음속으로 정한 3번 모퉁이에 넣고, 병뚜껑 1은 1번 모퉁이에, 병뚜껑 4는 4번 모퉁이에, 병뚜껑 2는 2번 모퉁이에 넣는다.

어느 병뚜껑이 어느 모서리에 있는지를 실험자는 알 것이다. 이제 눈을 감고 상자 속에 있는 병뚜껑을 집어넣은 순서, 즉 3, 1, 4, 2의 순서대로 꺼내 보아라. 3, 1, 4, 2의 순서대로 병뚜껑을 끄집어내는 것은 마음속으로 정한 3, 1, 4, 2의 모퉁이로 가서 거기에 있는 것을 꺼내 오기만 하면 되는 것이다. 병뚜껑을 3, 1, 4, 2의 순서대로 꺼낼 수 있었는가? 그렇다면 그 이유는 무엇인가?

그렇다. 두 실험의 차이점은, 첫 번째 실험에서는 상자의 모퉁이에 어떤 번호(이것을 주소라 한다)를 정해 주지 않고 병뚜껑을 넣었던 반면에, 두 번째 실험에서는 상자의 모퉁이에 주소를 정해 주고 그 주소를 사용해서 병뚜껑을 집어넣었던 것이다. 다시 말하면 첫 번째 실험은 주소라는 개념이 없었던 반면에 두 번째 실험은 주소의 개념이 있었기 때문에 우리가 원하는 병뚜껑을 언제나 정확하게 꺼내 올 수 있었던 것이다.

위의 실험에서 1, 2, 3, 4의 병뚜껑이 앞에서 살펴본 바 있는 4개의 영어

문장 1, 2, 3, 4라고 생각해 보자. 또 위의 빈 상자는 우리의 머리라고 생각해 보자. 병뚜껑을 상자 안에 넣는 과정은 우리가 그 문장 하나하나를 공부하고 암기하는 과정이라고 생각하자. 네 개의 문장을 다 공부하고 이해했다는 것은 네 개의 병뚜껑을 빈 상자 안에 다 넣은 것과 같다. 이제 어떤 번호의 병뚜껑을 꺼내 오는 과정은, 어떤 상황에 맞닥뜨렸을 때 필요한 문장을 생각해 내는 것과 같다. 위의 실험 1에서 본 바와 같이, 머리 속에 주소를 만들어 놓지 않은 상태에서 원하는 번호를 항상 꺼낼 수 있었는가? 그렇지 못했다. 어딘가에 있기는 한데 그것을 찾아낼 수는 없었던 것이다.

분명히 있기는 있는데 그게 어디 있었더라? 분명히 공부를 해서 이해는 되었는데 그게 어떤 문장이었지?

많은 사람들이 오랜 세월에 걸쳐 수준 높은 영어를 공부하고 무수한 회화 문장들을 머리 속에 갖고 있으면서도, 정작 필요한 상황에서는 단순한 문장조차도 구사할 수 없는 까닭이 여기 있었던 것이다.

즉, 언어란 습관이므로 아주 짧은 문장이라도 입으로 반복 연습해서 내 것으로 만들지 못하면 입 밖으로 나오지 못하는 것이다. 언어를 습관화하기 위해서는 문장을 머리 속에 담고 있다가 언제든지 입으로 내뱉을 준비가 되어야만 하는데, 그 문장들이 실타래처럼 엉켜 머리 속을 맴돌다 마는 경우가 대부분이다. 그러니 교재나 카세트 테이프가 없이는 연습이 힘들고, 어렵게 암기를 했다 해도 꺼내 오려면 어디에 있는지 찾지를 못하는 것이다. 이것이 바로 머리 속에 '주소'가 없어서 생기는 현상이다.

독자의 이해를 돕기 위해서 다음과 같이 의인화시켜 생각해 보도록 하

자. 책을 읽고 공부해서 머리 속에 들어오는 지식을 우리가 운영하고 있는 상점에 들어오는 손님이라고 생각해 보자. 이 손님은 아주 까다로워서 상점에 들어오자마자 앉을 자리를 마련해 주지 않으면 그냥 나가 버린다. 이때 지식이라는 손님을 그냥 보내지 않으려면 상점에 들어오자마자 앉을 수 있는 자리를 빨리 마련해 주어야 한다.

문장이 이해만 된 상태는 머리 속에 손님을 위한 자리가 없는 것과 같아서 공부를 해도 지식이라는 손님이 머리 속을 한 바퀴 돌고는 그냥 밖으로 나가 버리는 경우와 마찬가지다. 이 이야기에서 까다로운 지식이라는 손님은 이 교재에서 제시하고 있는 기본 50문장에 해당한다. 손님이 들어오자마자 앉을 자리를 정해 주는 것은 머리 속에 주소를 만들어 주는 것이다. DACE 학습법을 성공적으로 활용하기 위해서는 이것을 이해하는 것이 무엇보다 중요하다.

✳ 1-6. 기본 50문장을 기억하기 위한 그림 주소 50개

독자는 앞의 실험에서 사용한 상자의 네 모퉁이를 기억할 것이다. 그 실험에 비추어, 기본 50문장을 기억하려면 50개의 모퉁이가 있는 상자가 필요하다. 그러나 사실상 그런 상자를 준비한다는 것은 무리이므로, 이 상자의 모퉁이에 해당하는 것을 인간이 잘 기억하는 그림으로 만들었다. 기본 50문장을 기억하게 하기 위해서 50개의 장소, 즉 50개의 그림으로 된 장소를 만들었다. 왜 그림으로 했을까? '백문이불여일견'이라는 말과 같이, 인간은 시각적인 것을 다른 무엇보다 잘 기억하기 때문에 그림을 사용한 것이다.

그리고 상자의 네 모퉁이에 1, 2, 3, 4라는 숫자를 지정한 것도 기억할 것이다. 이것이 그 모퉁이에 붙여 준 주소다. 앞의 실험에서 네 개의 병뚜껑을 상자의 모퉁이에 저장했다가 원하는 병뚜껑을 정확하게 꺼내 올 수 있었던 것은 바로 이 주소 때문이었다. 만일 병뚜껑을 집어넣을 때와 꺼낼 때에 모퉁이의 주소를 기억하지 못한다면 아마도 바른 병뚜껑을 꺼낼 수 없었을 것이다.

이와 마찬가지로 50개의 그림으로 상자의 모퉁이와 같은 장소를 만들고 50개의 장소에 번호를 지정해 준 뒤에 번호와 그림을 1 : 1 대응시킬 수 있어야 한다. 이것을 바르게 알지 못하면 저장한 지식을 바르게 꺼내 올 수 없을 뿐만 아니라 암기할 수도 없다. 따라서 그림 장소와 그 장소에 지정해 준 숫자, 즉 주소가 무엇인지 반드시 기억해야 한다. 이 모든 것은 이미 내가 다 개발해서 정리해 놓았으므로 독자들은 그저 따라오기만 하면 된다. 어떻게 작용하는가를 설명하는 것이기 때문에 좀 어렵게 들릴지도 모르겠으나 결과는 아주 간단하며, 초등학생부터 나이 드신 분들까지 모두 이해할 수 있을 것이다.

우선 머리 속에 기억시키고자 하는 기본 50문장에 다음과 같이 0번부터 49번까지의 번호를 지정한다.

00 _ Once you see all those animals, you should feel better.

01 _ I need to fix my car as soon as possible.

02 _ I hope it snows all day long tomorrow.

03 _ Can I get you anything?

......

(중략)

......

47 _ It's obvious he failed the exam twice before he became a broadcaster.

48 _ The reason why he failed the exam was he simply didn't study hard enough.

49 _ If he studies hard, he will pass the exam. That's for sure.

그런 다음 상자의 모퉁이 역할을 할 50개의 그림 주소를 다음과 같이 만든다. 즉, 한 장의 큰 그림에 3개의 작은 그림을 넣고 각 그림에 상, 중, 하를 잡아서 상자의 한 모퉁이로 생각하여 번호를 지정한다. 그렇게 되면 작은 그림 1개에 3개의 모퉁이가 생기는 셈이다.

이런 원리를 통해서 만들어진 그림은 다음과 같다. 즉, 총 5개의 큰 그림

그림 주소 : 기린의 머리
숫자 주소 : 7번

그림 주소 : 기린의 등
숫자 주소 : 8번

그림 주소 : 기린의 다리
숫자 주소 : 9번

안에는 3개의 작은 그림이 그려져 있고, 그 3개의 그림에서 상, 중, 하를 모퉁이로 잡아 보면 5개 큰 그림×3개 작은 그림×3개의 모퉁이=총 45개의 모퉁이가 만들어진다. 그리고 큰 그림 전체를 하나의 모퉁이로 봤을 때 5개의 모퉁이가 더 생겨서 총 50개의 모퉁이가 되는 것이다. 이렇게 5장의 큰 그림으로 50개의 모퉁이를 만들 수 있다.

본 교재를 성공적으로 사용하기 위해서는 위의 원리에 의해서 만들어진 다섯 장의 그림에 익숙해져야 한다. 그림들이 간단하므로 쉽게 익힐 수 있을 것이다. 이것은 우리가 기억해야 할 50개의 문장을 저장하게 될 장소이므로 이것을 기억하지 못하고는 이 DACE 학습법을 사용할 수 없다. 따라서 시간을 가지고 다음 다섯 장의 그림을 잘 관찰하고 기억하도록 한다.

이 그림을 보는 방법은 큰 그림의 제목을 기억하는 것이다. 첫 번째 그림은 동물원(p.89), 두 번째는 테니스 경기(p.90), 세 번째는 황혼이 깃든 바다(p.91), 네 번째는 목마를 때 이용하는 식수대와 자동 판매기(p.92), 다섯 번째는 방송국의 일기 예보 광경(p.93)이다. 각 그림의 영어 제목은 Zoo(동물원), Tennis(테니스), Twilight(황혼), Thirsty(목마름), Forecasting(일기 예보)이다.

독자는 각 장의 그림 제목과 그 그림 안에 들어 있는 3개의 그림을 기억하도록 한다. 각각의 장마다 들어 있는 3개의 그림은 왼쪽, 가운데, 오른쪽에 그려져 있다. 동물원 그림의 왼쪽에는 원숭이, 가운데는 코끼리, 오른쪽에는 기린이 있다. 테니스 그림의 왼쪽에는 심판관이 있고 가운데는 볼보이가 있으며 오른쪽에는 존(John)이라는 선수가 있다. 특히 존은 이 DACE 학습법의 주인공으로, 아주 착하고 예의가 바르며 겸손한 학생임을 기억해 두자. 황혼 그림의 왼쪽에는 산, 가운데는 야자수, 오른쪽에는 암초에 걸린 배가 있다. 목마름 그림의 왼쪽에는 식수대, 가운데는 자동 판매기, 오른쪽에는 휴지통이 있다. 일기예보 그림의 왼쪽에는 프로듀서가 있고 가운데는 아나운서가 있으며 오른쪽에는 기상 캐스터가 있다.

독자는 이 그림을 책을 보지 않고도 이름만 대면 생각이 나도록 집중해서 보기 바란다.

이 그림을 완벽하게 머리 속에 담았다면 다른 사람에게 이 그림에 대해서 물어보게 하고 대답하도록 한다. 예를 들면 동물원 그림의 왼쪽에는 원숭이와 그네, 가운데는 코끼리, 오른쪽에는 기린이 있다. 목마름 그림의 왼쪽에는 식수대, 가운데는 자동 판매기, 오른쪽에는 휴지통이 있음을 떠올리고 이야기할 수 있어야 한다.

괄호 안에 들어갈 그림이 무엇인지 말하면서 전체 그림을 떠올려 보자.

동물원 그림	왼쪽( )	가운데( )	오른쪽( )
테니스 그림	왼쪽( )	가운데( )	오른쪽( )
황혼 그림	왼쪽( )	가운데( )	오른쪽( )
목마름 그림	왼쪽( )	가운데( )	오른쪽( )
일기 예보 그림	왼쪽( )	가운데( )	오른쪽( )

지금까지 우리는 앞의 실험 1과 2에서 모퉁이(장소)에 해당하는 것을 머리 속에 그림으로 만들어 놓았다. 이제는 그 그림에다 0번부터 49번까지의 번호를 지정한다. 그것은 앞의 실험에서 모퉁이에 1, 2, 3, 4번을 지정한 것과 같은 것이다. 그리고 번호와 그림을 대응시킨 뒤 반드시 기억하도록 한다. 이렇게 함으로써 50개의 문장을 저장시킬 준비가 끝난 것이다.

예를 들어 동물원의 그림에는 상자의 모퉁이에 해당하는 그림이 있고, 그 각각의 위치에는 번호가 지정되어 있다. 그네는 1번, 원숭이 머리는 2번, 원숭이 꼬리는 3번이다. 코끼리의 코는 4번, 코끼리의 등은 5번, 코끼리의 다리는 6번이다. 기린의 머리는 7번, 기린의 등은 8번, 기린의 다리는 9번이다. 그리고 동물원 전체의 그림을 하나의 위치로 잡아 0번을 지정한다.

각각의 그림에 숫자를 지정한 것은 앞의 실험에서 네 모퉁이가 있는 상자에 1, 2, 3, 4라는 번호를 지정한 것과 같은 것이다. 앞에서도 지적한 바 있지만 상자 실험의 경우에도 어느 모퉁이가 몇 번인지를 정확하게 알고 있지 않으면 바른 뚜껑을 꺼낼 수가 없었다. 이 모퉁이가 3번인지 4번인지 확실히 모르면 원하는 뚜껑을 바르게 꺼낼 수 없듯이, 이 그림의 번호를 제대로 외지 못하면 기억하고자 하는 것을 불러낼 수 없으므로 그림의 번호를 잘 알고 있어야 한다.

그런데 50개의 그림에 지정한 50개의 번호를 그림에 맞게 다 기억한다는 것도 그리 쉬운 일은 아니다. 그러나 각 그림이 몇 번인지를 정확하게 알고 있지 않으면 안 된다. 이런 점을 고려해 나는 그림과 주소를 다음과 같은 원리에 입각해서 만들었다.

우리가 이 책에서 사용하는 15개의 그림은 총 5장의 그림에 3개씩 들어 있다. 독자는 다음의 설명을 잘 생각해 보라.

첫 번째 그림 '동물원(Zoo)'에서는 전체 그림이 0이며 왼쪽에 있는 그네와 원숭이 그림에 1, 2, 3, 가운데의 코끼리 그림에 4, 5, 6, 그리고 오른쪽의 기린 그림에 7, 8, 9가 지정되어 있다.

두 번째 그림 '테니스(Tennis)'에서는 전체 그림이 10이며 왼쪽의 심판관 그림에 11, 12, 13, 가운데의 볼보이에 14, 15, 16, 오른쪽의 테니스 선수에 17, 18, 19가 지정되어 있다.

세 번째 그림 '황혼(Twilight)'에서는 전체 그림이 20이며 왼쪽에 있는 산 그림에 21, 22, 23, 가운데의 야자수에 24, 25, 26, 오른쪽의 배에 27, 28, 29가 지정되어 있다.

네 번째 그림 '목마름(Thirsty)'에서는 전체 그림이 30이며 왼쪽의 식수대에 31, 32, 33, 가운데의 자동 판매기에 34, 35, 36, 오른쪽의 휴지통에 37, 38, 39가 지정되어 있다.

마지막으로 다섯 번째 그림 '일기 예보(Forecasting)'에서는 전체 그림이 40이며 왼쪽의 프로듀서에 41, 42, 43, 가운데의 아나운서에 44, 45, 46, 오른쪽의 기상 캐스터에 47, 48, 49가 지정되어 있다.

이 그림에 지정된 주소 50개를 하나씩 암기하려고 하면 좀 벅찰 것이다. 그렇지만 이 그림들과 지정된 주소에 일정한 규칙이 있음을 알고 나면 훨씬 쉬워진다.

위의 그림에 지정된 주소를 잘 보면, 다섯 장 모두 왼쪽에 있는 그림의 끝자리 수는 1, 2, 3이다. 가운데에 있는 그림의 끝자리 수는 모두 4, 5, 6이고 오른쪽에 있는 그림의 끝자리 수는 7, 8, 9이다. 따라서 주소의 끝자리 수는 그림이 어디에 위치해 있는가에 따라 정해진다. 왼쪽에 있는 그림이면 1, 2, 3, 가운데에 있는 그림이면 4, 5, 6, 오른쪽에 있는 그림이면 7, 8, 9가 되는 것이다.

10의 자리 수에도 어떤 규칙이 있다. 각 그림의 10의 자리 수는 그 그림의 제목과 연관이 있다. 예를 들면, 테니스(Tennis) 그림 안에 있는 그림 3개의 10의 자리 수는 10이다. Tennis와 10(Ten)의 발음이 비슷하다. 황혼(Twilight) 그림에 나오는 그림 3개의 10의 자리 수는 20이다. Twilight와 20(Twenty)의 발음이 비슷하다. 이 점으로 보아 그림의 제목과 그림 주소의 10의 자리 수와는 무슨 연관이 있어 보인다. 그렇다. 각 그림의 10의 자리 수는 그림의 제목에 달려 있는 것이다. 즉, 동물원(Zoo) 그림 안에 있는 3개의 그림에서 10의 자리 수는 0이다. Zoo와 0(Zero)는 발음이 비슷하지 않은가? 이렇게 만들기 위해서 동물원의 그림을 사용한 것이다.

그래서 다음을 이해만 하면 모든 그림과 주소를 연결시킬 수 있다.

그림의 끝자리 수는 큰 그림 안에서의 위치에 따라 결정된다.
왼쪽 그림의 상 _ 1   가운데 그림의 상 _ 4   오른쪽 그림의 상 _ 7

왼쪽 그림의 중 _ 2 가운데 그림의 중 _ 5 오른쪽 그림의 중 _ 8

왼쪽 그림의 하 _ 3 가운데 그림의 하 _ 6 오른쪽 그림의 하 _ 9

그림 주소의 10의 자리 수는 그림 이름에 의해 결정된다.

동물원	Zoo	Zero	(0)
테니스	Tennis	Ten	(10)
황혼	Twilight	Twenty	(20)
목마름	Thirsty	Thirty	(30)
일기 예보	Forecasting	Forty	(40)

이런 원리를 알고 다음의 그림을 잘 관찰해 보기 바란다. 독자는 이 그림 주소에 관해서 1) 다섯 장의 그림 제목, 2) 다섯 장의 그림 안에 들어 있는 그림, 3) 각 그림의 주소를 반드시 알고 있어야 한다.

✱✱ 동물원(Zoo) 그림 : 주소 00~09

이 그림의 제목은 동물원, 영어로는 Zoo다. 이 그림은 다시 3그룹의 작은 그림으로 구성되어 왼쪽, 가운데, 오른쪽에 동물의 그림이 하나씩 있다. 3개의 그림은 우리가 흔히 동물원에서 볼 수 있는 그런 대상들이다. 각 그림에는 그림 주소가 적혀 있는데, 왼쪽 그네와 원숭이 그림에는 1, 2, 3이, 가운데의 코끼리 그림에는 4, 5, 6이, 오른쪽 기린 그림에는 7, 8, 9가 지정되어 있다. 이 교재에는 총 5장의 그림이 있는데 모두 이와 똑같은 구성을 하고 있어, 그림을 이해하고 기억하기가 쉽다. 독자는 이 그림의 제목이 한글과 영어로 무엇이며 또 이 그림 안에는 각각 어떤 대상이 있는가를 기억해 두어야 한다.

✱✱ 테니스(Tennis) 그림 : 주소 10～19

이 그림의 제목은 테니스, 영어로는 Tennis다. 이 그림도 3개의 작은 그림으로 구성되어 있다.

왼쪽, 가운데, 오른쪽에 사람의 그림이 하나씩 있다. 순서대로 심판관, 볼보이, 테니스 선수를

묘사하고 있다. 3개의 그림은 테니스장에서 흔히 볼 수 있는 그런 대상들이다. 각 그림에는 그

림 주소가 적혀 있는데, 왼쪽 심판관 그림에는 1, 2, 3이, 가운데 볼보이 그림에는 4, 5, 6이,

오른쪽 테니스 선수의 그림에는 7, 8, 9가 지정되어 있다. 앞의 그림과 똑같은 구성이다. 그림

에서 볼 수 있는 숫자는 주소의 끝자리 수일 뿐이다. 즉, 숫자가 14이면 그림에는 끝자리 수인

4만을 보여 주고 있다.

✱✱ 황혼(Twilight) 그림 : 주소 20∼29

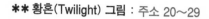

이 그림의 제목은 황혼, 영어로는 Twilight다. 이 그림 역시 3개의 작은 그림으로 구성되어 있다. 왼쪽, 가운데, 오른쪽에 그림이 하나씩 있다. 3개의 그림은 우리가 흔히 황혼이 깃든 바닷가에서 볼 수 있는 그런 대상들이다. 각 그림에는 그림 주소가 적혀 있는데, 왼쪽 산 그림에는 1, 2, 3, 가운데 야자수 그림에는 4, 5, 6, 오른쪽의 암초에 부딪힌 배의 그림에는 7, 8, 9가 지정되어 있다. 여기서도 마찬가지로 왼쪽, 가운데, 오른쪽에 나오는 그림의 주소가 다 같은 것은 끝자리 수만을 나타내고 있기 때문이다. 그러면 10의 자리 수는 어떻게 되는가? 그림 주소의 10의 자리 수는 그림의 제목과 연관이 있음을 앞서 설명한 바 있다. 즉, 위 그림의 10의 자리 수는 20이다. 따라서 산꼭대기는 그림 주소가 21번이 되는 것이다. 야자수의 그림 주소는 10의 자리 수가 20이며 끝자리 수가 4번이기 때문에 결국은 24번이 된다. 거듭 강조하지만 이 점을 이해하는 것이 매우 중요하다.

✱✱ 목마름(Thirsty) 그림 : 주소 30～39

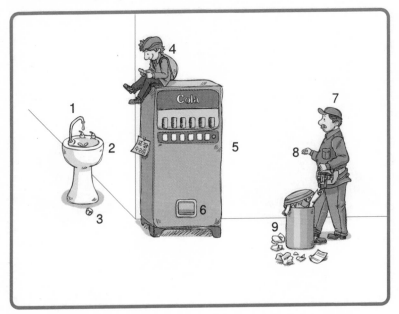

이 그림의 제목은 목마름, 영어로는 Thirsty다. 이 그림도 3개의 작은 그림으로 구성되어 있다.

왼쪽, 가운데, 오른쪽에 그림이 하나씩 있다. 3개의 그림은 우리가 목이 마를 때 이용하는 자동

판매기 주변에서 볼 수 있는 그런 대상들이다. 각 그림에는 그림 주소가 적혀 있는데, 왼쪽 식

수대에는 1, 2, 3, 가운데의 자동 판매기 그림에는 4, 5, 6, 오른쪽에 있는 휴지통과 사람 그림

에는 7, 8, 9가 지정되어 있다. 앞에서 말한 바와 같이 그림에 나타나 있는 것은 끝자리 수이

다. 모든 그림들의 주소를 지정함에 있어 이 원칙에 의거한 이유는 그림의 주소를 쉽게 기억하

게 하기 위해서이다. 즉, 학습자는 이제 왼쪽의 그림은 눈으로 보지 않아도 끝자리 수가 1, 2,

3으로 되어 있다는 것을 알 것이다. 또 10의 자리 수는 그림의 제목만 보고도 알 수 있을 것이

다.

✳✳ 일기 예보(Forecasting) 그림 : 주소 40~49

이 그림의 제목은 일기 예보, 영어로는 Forecasting이다. 이 그림도 3개의 작은 그림으로 구성되어 있다. 3개의 그림은 우리가 흔히 방송국에서 볼 수 있는 그런 사람들이다. 각 그림에는 그림 주소가 적혀 있는데, 왼쪽 프로듀서의 주소는 1, 2, 3이지만 실제는 41, 42, 43이 된다. 왜냐하면 그림에 적혀 있는 주소는 끝자리 수에 불과하며, 10의 자리 수는 그림의 제목에 있기 때문에 이 두 숫자를 더하면 41, 42, 43이 되는 것이다. 가운데는 아나운서이며 오른쪽은 기상 캐스터이다. 기상 캐스터의 손은 48이 될 것이다. 왜냐하면 그림이 오른쪽에 있고 기상 캐스터의 손은 가운데 부분이므로 끝자리 수는 8이며 이 그림의 10의 자리 수는 40이기에, 이 두 번호를 합하면 48이 된다. 5장의 그림이 어떤 내용인지를 기억하고 그 안에서 각각의 대상이 어디에 있는지 알아야 한다. 즉, 그림 주소와 숫자 주소에 익숙해져야 한다는 말이다.

다음은 여러분들이 그림을 잘 기억할 수 있도록 하기 위해서 정리해 본 것이다. 눈을 감고도 다섯 장의 그림이 떠오르도록 그림을 익히고, 50개 그림의 위치에 지정한 번호도 잘 이해가 되도록 연습한 뒤에, 다음에 나오는 연습 문제를 풀어 보자.

00 _ Zero   Zoo(동물원) : 동물원 : 그네와 원숭이, 코끼리, 기린

10 _ Ten   Tennis(테니스) : 테니스장 : 심판관, 볼보이, 테니스 선수

20 _ Twenty Twilight(황혼) : 황혼이 깃든 바닷가 : 산, 섬, 배

30 _ Thirty Thirsty(목마름) : 목마르면 가는 곳 : 식수대, 자동 판매기, 휴지통

40 _ Forty   Forecasting(일기 예보) : 방송국 : 프로듀서, 아나운서, 기상 캐스터

1) 코끼리 머리는 숫자 주소로 몇 번인가?

코끼리는 Zoo(동물원) 그림에 나오는데, Zoo는 Zero와 비슷하다. 그러므로 0~9 사이의 숫자 주소이고, 코끼리는 동물원의 가운데 있으므로 4, 5, 6 사이에 있다. 코끼리의 머리는 윗부분이므로 4번이다.

2) 야자수의 밑은 숫자 주소로 몇 번인가?

야자수 나무는 Twilight(황혼) 그림에 나오고, Twilight는 Twenty와 비슷하다. 그러므로 20~29 사이의 숫자 주소다. 야자수는 가운데에 있으므로 24, 25, 26 중에 하나다. 야자수의 밑은 그림의 아래 부분이므로 26번이다.

이번에는 특정 주소가 어떤 그림을 가리키는 것인지를 알아보자.

3) 숫자 주소 32번은 어느 그림 주소인가?

숫자 주소에서 그림 주소를 찾아가는 방법은, 숫자 주소를 먼저 10의 자리 수와 끝 자리 수로 나누어서 생각하면 쉽다. 즉, 27은 20+7로 나누어 생각한다. 10의 자리 수는 전체 그림을, 끝자리 수는 그 그림 안에 들어 있는 특정한 그림을 지정한다.

32=30+2이다. 10의 자리 수는 그림의 제목 혹은 시작 번호를 나타낸다. 이 경우 는 30이다. 30은 영어로 Thirty이며 이것은 Thirsty(목마름)의 발음에 가깝다. 목마름의 그림은 왼쪽에 식수대, 가운데에 자동 판매기, 오른쪽에 휴지통이 있다. 끝자리 수는 특정한 그림을 지정한다고 앞서 설명하였다. 이 경우에는 2번이므로 왼쪽에 있 는 그림인 식수대의 가운데 부분을 가리킨다.

4) 숫자 주소 47번은 어느 그림 주소인가?

47=40+7이다. 10의 자리 수는 그림의 제목 혹은 시작 번호를 나타낸다. 40은 영 어로 Forty이며 이것은 Forecasting(일기 예보)의 발음에 가깝다. 일기 예보의 그림 은 왼쪽에 프로듀서, 가운데에 아나운서, 오른쪽에 기상 캐스터가 있다. 끝자리 수는 특정한 그림을 지정한다. 이 경우에는 7번이므로 오른쪽에 있는 그림의 맨 윗부분이 된다. 즉, 기상 캐스터의 머리다.

학습자는 그림과 숫자가 거의 반사적으로 1 : 1 대응될 때까지 확실하게 이해하고 암기하도록 한다. 만약 이것이 잘되지 않으면 다음 단계로 넘어 가지 말고 반복해서 숙달이 될 때까지 학습하도록 한다. 이 부분이 잘 이 해되지 않으면 DACE 학습법은 성공할 수 없다. 아주 중요한 부분이다. 여기서 숫자 주소와 그림을 바르게 연결하기 위해서 다음과 같은 방법을 사용하면 쉽게 정리가 될 것이다.

숫자 주소에서 그림 주소를 아는 법 : 숫자 주소를 10의 자리 수와 끝자리 수로 나눈다. 10의 자리 수로는 그림 제목을 떠올릴 수 있으며 끝자리 수로는 그 안에서의 그림의 위치를 알 수 있다. 따라서 우선 특정 그림을 지정하면 그 그림이 속해 있는 그림의 제목을 통해 10의 자리 수를 결정하고, 그 다음 그 그림의 상, 중, 하에 따라 끝자리 수를 결정한다. 다음에 나오는 테스트를 해 보자.

1) 숫자 주소 23은 어느 그림 주소인가?
2) 숫자 주소 18은 어느 그림 주소인가?

그림으로부터 숫자 주소를 아는 법 : 먼저 해당 그림이 속한 전체 그림의 제목을 알아내야 한다. 그것으로부터 10의 자리 수를 유추한다. 그 다음에는 해당 그림이 전체 그림의 어느 쪽에 위치하는지를 기억해 낸다. 즉, 그림이 전체 그림의 왼쪽에 있다면 끝자리 수가 1·2·3, 가운데에 있다면 4·5·6, 오른쪽에 위치한다면 7·8·9이다. 이 중에서 상·중·하를 나누어 그림의 지점이 윗부분이면 1·4·7, 중간 부분이면 2·5·8, 아래 부분이면 3·6·9 중의 하나가 되는 것이다.

3) 아나운서 머리는 어느 숫자 주소인가?
4) 기린의 등은 어느 숫자 주소인가?

아직 이 그림 주소와 숫자 주소가 잘 연결되지 않는 사람들은 다음의 풀이 예를 잘 보면서 생각을 정리해 보자.

풀이 예 1) 숫자 주소 23에서 10의 자리 수 20을 영어로 발음해 보면 Twenty이
다. 5장의 그림 중에 Twenty에 가까운 발음이 나는 그림은 무엇인가?
Zoo, Tennis, Twilight, 아하! Twilight, 즉 황혼이다. 끝자리 수 3은 황
혼 그림의 맨 왼쪽 아래이므로 산의 밑부분이다.

풀이 예 3) 그림 주소 아나운서의 머리는 5장의 그림 중에 어디에 나오는지를 알아
야 한다. 아나운서는 방송국 그림에 나오는 사람이다. 방송국의 일기 예
보를 영어로 하면 Forecasting, 발음이 영어 시작 주소 Forty를 연상시
킨다. 그리고 아나운서는 그림의 중간에 있으므로 44, 45, 46 중의 하
나인데 질문이 머리였으므로 44번이다.

이런 식으로 그림 주소와 숫자 주소 맞추기를 매일 30분 정도 연습하고
파트너와 같이 테스트해서 50개의 그림을 완전히 익히도록 한다.
이것이 잘 안 되어 있다면 절대로 다음 진도는 나가지 말아야 한다. 혹시
라도 DACE 학습법으로 학습했는데도 영어가 되지 않는 사람이 있다면
그것은 아마도 이 그림과 주소 부분이 완전히 이해되지 않아서일 것이
다. 다시 단원의 처음으로 돌아가 설명을 생각해 보고 이해한 뒤에 다음
진도를 나가기 바란다.

⁂ 1-7. 기본 50문장 기억해 두기와 기억해 내기

이번에는 앞의 50개의 그림 주소를 사용하여 기본 50문장을 기억해 두고 또 기억해 내는 것에 대해 살펴보자. 앞에서 어떤 번호의 병뚜껑을 상자의 모퉁이에 넣었다가 바르게 꺼내는 실험을 하였는데, 여기에서는 편의상 병뚜껑을 상자의 모퉁이에 넣는 것을 '기억해 두기' 라고 부르고, 원하는 병뚜껑을 꺼내 오는 것을 '기억해 내기' 로 부르겠다.

기본 50문장을 '기억해 두기' 를 한다는 것은 기억해 두고자 하는 문장과 기억시키고자 하는 그림 주소를 연관시켜 어떤 독특한 이야기를 만들어 냄으로써 가능하게 된다.

'기억해 두기' 의 예들 들면, 그림 주소 그네(숫자 주소 1번)와 문장 1번 I need to fix my car as soon as possible(가능한 한 빨리 내 차를 고쳐야 해).' 을 연관시키는 이야기(그네에 여자 친구가 풀이 죽어서 앉아 있다. 그래서 남자 친구가 가서 왜 그러느냐고 물었더니 차가 고장이 났는데 가능한 한 빨리 차를 고쳤으면 한다고 말한다)를 만들어 그림 주소와 기억하고자 하는 문장의 내용을 연관시키는 것이다.

'기억해 내기' 는 '기억해 두기' 의 반대로, 기억해 내고자 하는 문장이 있는 그림 주소에 가서 거기에 연관된 이야기를 생각해 보는 것이다. 그 그림 주소에는 우리가 기억해 둔 이야기가 있고, 그 이야기를 기억해 냄으로써 우리가 원하는 영어 문장이 무엇인가를 되찾아 낼 수 있게 되는 것이다. 예를 들면 그림 주소 1번의 경우, 그네를 보면 무엇이 생각나는가? 여자 친구가 풀이 죽어 그네에 앉아서 한 이야기가 생각나지 않는가? 여자 친구가 무엇이라고 했던가? '가능한 한 빨리 내 차를 고쳤으면 해'

라고 했다. 그것을 영어로 말해 보면 I need to fix my car as soon as possible.이 되는 것이다.

이런 과정을 통해서 독자는 기본 50문장을 기억해 두고 또 기억해 둔 문장을 기억해 낼 수도 있다. 마치 영화를 본 뒤 그 내용과 장면을 별 노력 없이도 기억할 수 있듯이, 50개의 그림 주소와 거기에 연관된 이야기를 알고 있으면 기본 50문장을 쉽게 기억할 수 있을 것이다. 한국어로 그 이야기가 생각나기만 하면 그것을 영어로 말하기는 어렵지 않다. 그래서 기본 50문장을 해석할 수 있어야 하며 또 한국어로 듣고 영어로 작문할 수 있어야 한다고 말한 것이다.

여기까지의 과정을 모두 끝낸 사람은 다음에 나오는 50개의 이야기를 이해하기만 하면 기본 50문장을 다 암기할 수 있다. 만일 기본 50문장이 암기되지 않는다면 앞에서 지적한 두 가지 지시 사항, 즉 문장에 관한 숙제와 그림 주소에 관한 숙제가 부족했기 때문이다. 어느 부분이 부족한지 알아내서 철저히 복습하기 바란다. 이제까지 내가 지켜본 바에 의하면, 앞에서 말한 두 가지를 모두 충실히 한 사람들은 100퍼센트 문장을 암기하고 영어에 자신을 갖게 되었다.

기본 50문장에 대한 숙제와 그림 주소 50개에 대한 숙제를 충실히 한 독자는 이제부터 50개의 그림과 연관된 이야기를 듣고 기본 50문장을 기억하도록 한다. 사람에 따라 다르지만 빠르면 불과 몇 시간 만에, 길게는 2주 정도까지 걸리지만 결국은 누구나 다 기본 50문장을 기억해서 책을 보지 않고 영어로 말할 수 있게 될 것이다. 이미 50개의 이야기를 꾸며 놓았으므로 독자는 이 이야기를 읽고 따라오기만 하면 된다.

✳ 1-8. 기억해 두기를 위한 이야기 50개

항상 그림을 염두에 두면서 다음의 이야기를 연관시켜 보자. 절대로 서두르지 말고 처음에는 한 문장에 2~3분 이상의 시간을 할애하여 그림과 이야기를 연관시켜 보자. 또 이야기를 생각하면서 영어 문장이 떠오르는지도 테스트해 보자. 그림을 보면서 이야기를 생각하고 이야기가 생각나면 문장이 떠오르게 되어 있다.

참고로, 여기에 나오는 이야기들이 필요 이상으로 길다고 느끼는 사람들이 있을지 모르겠으나, 다 필요에 의한 것이니 적극적으로 따라오기를 바란다. 이 책을 통해서 언급한 바 있듯이, 이 모든 스토리는 나중에 영어로 2시간 정도 강의하는 데 모두 쓰이게 된다. 이 이야기에는 영화 <You've Got Mail>에 나오는 짧은 대화와 비슷한 문장들이 많이 쓰였기 때문에, 나중에 이 모든 과정을 끝마쳤을 때 영화를 통한 영미 문화의 적응 단계에 들어가게 되면 많은 도움이 될 것이다. 이것이 DACE 학습법으로 공부하는 사람들이 갖게 되는 보너스다.

그림을 보면서 이야기에 나오는 사람들이 실제로 존재하고 있는 것처럼 상상해 보자. 이 전체적인 이야기의 주인공은 존이란 학생이다. 그는 테니스 선수이기도 하다. 그네에 어떤 여학생이 거기에 앉아 있고, 그녀의 남자 친구인 존이 그 옆에 서서 이야기를 하고 있는 상상을 해 보자. 이야기에 나오는 사람들의 이름과 관계를 잘 살펴보면 학습하는 데 도움이 될 것이다.

전체적인 이야기의 흐름을 먼저 살펴보면 다음과 같다. 0, 10, 20, 30, 40과 같은 제목에 해당하는 그림에는 그 장의 전체적인 분위기와 상황을 설명한다. 각 장의 그림에서는 구체적인 사건을 이야기한다.

동물원에서는 존의 여자 친구가 그네에 앉아서 푸념을 하고, 당뇨병에 걸린 코끼리가 사과를 먹었고, 쌍둥이 형제가 기린 등에 타고 관광을 하면서 주고받는 이야기가 전개된다.

테니스장에서는 존의 마지막 경기가 벌어지고 있다. 그런데 심판관은 뇌물을 좋아하고 잘난 척하는 사람이다. 심판관의 벗겨진 머리를 보고 심판관이 공짜를 좋아하는 사람이라고 연상해 볼 수 있다. 볼보이에게는 누나가 두 명이 있는데 지금 모두 아프다. 그래서 볼보이는 요즘 매일 일하러 올 때 지각을 한다. 볼보이는 눈치가 보여서 거의 날마다 심판관에게 뇌물을 갖다 바친다.

황혼이 지는 바닷가에서는 존의 테니스 클럽 학생들이 산으로 여름 캠프를 떠나는 이야기가 펼쳐진다. 산에 오르는 도중에 사고가 잦기 때문에 테니스 클럽의 사장은 학생들이 산에 잘 오르는가를 보기 위해 야자수 위에 올라가 망원경으로 살펴보고 있다. 오른쪽 배에서는 선장 조수가 버튼을 잘못 눌러서 배가 암초에 부딪히는 일이 벌어진다.

목마름 그림은 존이 드디어 여름 캠프를 마치고 집에 돌아왔는데, 목이 말라 음료수를 마시기 위해 동네에 있는 자동 판매기에 가서 일어나는 이야기다. 식수대에서는 꼬마 여자아이가 뭔가를 찾고 있다. 존이 식수대에 다가가 보니 반지가 보이길래 그것을 찾는 것이냐고 묻는다. 식수대에서 나오는 물은 미지근하다. 존은 자동 판매기 구석에 붙어 있던 '고장' 이라는 푯말을 미처 보지 못하고 기계에 동전을 넣었고, 음료수가 나오지 않아 신경질을 낸다. 오른쪽에는 휴지통이 있고 자동 판매기를 수리하러 온 아저씨가 있다.

일기 예보 그림에서 왼쪽에 있는 노총각 프로듀서는 신입 사원 미스 최에게 한눈에 반해서 짝사랑하고 있다. 그리고 가운데 있는 아나운서는 프로듀서에게 아부하는 근성이 있다. 오른쪽에는 존의 친구의 형인 폴(Paul)이 있는데 그는 기상 캐스터이며 사법고시 시험에 두 번이나 떨어진 경험이 있다.

이런 전체적인 이야기의 흐름을 파악한 뒤 다음의 구체적인 이야기를 보도록 하자. 독자는 문장의 번호와 그림, 이야기를 정확히 기억해 두어야 한다. 예를 들면, 1번 동물원의 그네, 존의 여자 친구, '가능한 한 빨리 내 차를 고쳐야 해', 영어로는 I need to fix my car as soon as possible. 이런 식으로 기억해야 한다.

** 기본 50문장을 기억해 두기 위한 이야기

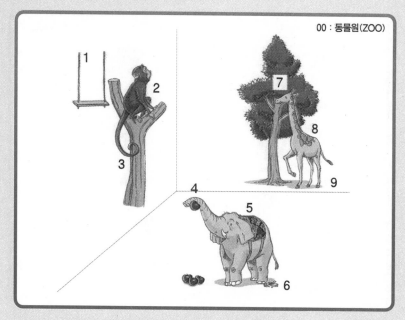

00 _ Once you see all those animals, you should feel better.

일단 저 동물들을 보면 네 기분이 나아질 거야.

이야기 .. 예의 바르고 핸섬한 데다 테니스도 잘 치는 존이 여자 친구에게 전화를 했다. 그런데 여자 친구의 기분이 영 말이 아니다. 그래서 존이 "너 왜 그래? 나한테 화났어? 무슨 일로 그러는데?" 하며 물었지만 아무것도 아니라며 자꾸 존의 마음을 무겁게 한다. 그래서 존이 동물원에 가자고 권해 본다. "너, 나랑 동물원에 갈래? 동물원에 가서 동물들을 보면 기분이 좋아질 거야." 그랬더니 여자 친구가 "정말 그렇게 생각하니?" "확실해, 확실하다니까." "그게 아니면 어쩔래?" "오늘 밤에 아주 멋진 저녁 사 줄게, 됐냐?" "좋아, 그럼 가자. 30분만 기다려." "30분씩이나?" "야, 나같이 고상한 여자가 나가는데 30분은 치장해야지. 안 그래?" "알았어."

00 : 동물원(ZOO)

01 _ I need to fix my car as soon as possible.

가능한 한 빨리 내 차를 고쳐야 해.

이야기 .. 존과 여자 친구가 드디어 동물원으로 가서 원숭이가 있는 근처 그네에 앉아서 이야기를 한다. 그런데 아직도 여자 친구가 말을 잘 안 한다. 이번엔 그네에 앉아서 한숨까지 쉰다. "무슨 걱정이 있니? 너, 내가 이집트로 떠난다니까 마음 아파서 그러는 거야?" "웃기지 마. 사실은 말이지, 내 차가 또 망가졌거든. 벌써 5번째야. 내일 아르바이트하러 가려면 차가 필요한데, 가능한 한 빨리 내 차를 고쳐야 해. 그런데 사실 돈이 바닥났거든……." "야, 그 정도 문제를 가지고 뭘 그리 걱정이니? 난 또 다른 남자 친구가 생긴 줄 알고 심각했잖아. 그런 거라면 걱정하지 마. 내가 누구냐? 내가 도와줄 테니까 걱정하지 마." "네가 무슨 수로?" "음, 난 이래 뵈도 정비에 일가견이 있다구." "정말? 넌 정말 천사야." "뭐, 그리 좋아할 것은 없어. 내가 나중에 청구서를 보낼 테니까." "그래, 100년 후에 보내 줘. 이자까지 쳐서 두둑이 갚아 줄게. 자, 저기 가서 놀자." "그래."

02 _ I hope it snows all day long tomorrow.

내일 하루 종일 눈이 왔으면 좋겠어.

이야기 .. 존이 여자 친구와 놀다가 코끼리 등을 타고 시내를 한 바퀴 도는 관광을 하고 싶어서 코끼리가 있는 데로 가는데, 원숭이 우리 곁을 지날 때 원숭이가 하늘을 쳐다보면서 뭐라고 중얼거리는 소리가 들린다. 감기에 걸린 원숭이는 조련사로 아르바이트하는 리처드와 함께 내일 병원에 갈 예정이다. 원숭이는 병원에 가면 주사 맞을 일이 싫어서 하늘만 바라본다. 하늘이 어둑어둑해지며 폭풍이나 뭔가가 올 것 같다. 옆에 있던 친구 원숭이가 "저기 봐, 뭔가 폭풍우 같은 게 몰아칠 모양이야" 하고 말하자, 감기 걸린 원숭이는 꾀가 난다. "맞아. 내일 하루 종일 눈이 왔으면 좋겠어. 만일 그렇다면 주사를 맞으러 갈 수 없을지도 모르잖아." 존의 여자 친구는 원숭이가 중얼거리는 소리를 듣고 "저기 봐, 정말 폭풍이라도 올 것 같다. 원숭이 말대로 내일 하루 종일 눈이라도 펑펑 왔으며 좋겠어. 눈 오는 날엔 뛰어나가 어디든 가고 싶어. 그러다가 커피도 마시고 음악도 듣고……." "그런데 내일 난 이사를 해야 하거든." "그럼 잘해 봐. 눈 속에서 이사하는 거 잘해 보라구. 난 쇼핑이나 갈 테니까." "무슨 소리야, 네가 짐차를 운전할 사람인데!" "내가? 그 짐차를 운전해? 맙소사."

03 _ Can I get you anything?

뭐 좀 가져다 드릴까요?

이야기 .. 조련사 리처드가 원숭이를 잡으러 나무에 올라가다 미끄러졌다. 조련사가 직접 만든 사다리가 잘못된 것 같다. 존이 그것을 보고 소리를 지른다. "괜찮아요? 제가 좀 도와 드릴까요? 뭐 좀 가져다 드릴까요?" 하고 말하자 리처드가 정신을 차리면서 "그 사다리 좀 이쪽으로 가져다 주세요. 어휴, 떨어졌으면 다리가 부러질 뻔했네." 존이 사다리를 가져다 주면서 "여기 있어요. 뭐 다른 것 도와줄 게 있나요?"라고 물었다. 존은 리처드를 도와줄 수 있어서 기분이 좋았다.

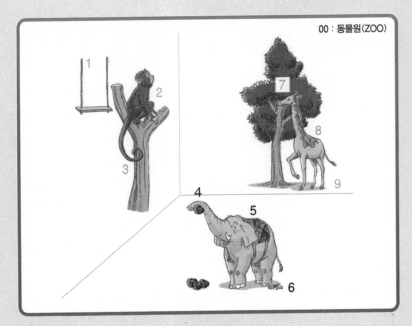

04 _ How many apples did you eat today?

너 오늘 사과를 몇 개나 먹었니?

이야기 .. 존과 여자 친구는 코끼리 관광을 하려고 코끼리 쪽으로 왔다. 조련사가 코끼리를 몰고 시내를 한 바퀴 도는 그런 관광인데, 존은 얼마 있으면 이집트로 유학을 가기 때문에 이런 관광을 하고 싶었다. 그런데 조련사가 코끼리에게로 와 보니 사과를 먹고 있다. 이거 정말 큰일이다. 왜냐하면 코끼리는 당뇨병이 있어서 사과를 먹으면 안 되는데, 어디서 났는지 빨갛고 큰 사과를 먹고 있는 것이 아닌가. 조련사가 큰 소리로 "야, 그만 먹어" 했더니 훈련이 잘된 코끼리가 먹던 것을 중지하고 조련사를 쳐다본다. 조련사가 "너 오늘 사과를 몇 개나 먹었니?"라고 묻는다. "오늘 아침에 두 개 먹었는데요." "의사 선생님이 너 당뇨병이 있다고 사과같이 단것을 많이 먹으면 안 된다고 한 것 잊었니?" "알지요. 그런데 맛있는 사과를 놔 두고 어떻게 안 먹어요. 그런 유혹은 참기가 힘들거든요. 다음부터는 조심할게요." 존은 코끼리가 당뇨병이 있다는 말을 듣고 너무 신기하면서도 우스웠다.

05 _ If it is possible, I'd like to have a Diet Coke.

가능하다면 다이어트 콜라로 먹겠습니다.

이야기 .. 존이 티켓을 사고 코끼리 관광을 하려고 한다. 조련사도 이제 코끼리 등에 탈 준비를 한다. 코끼리는 빨리 가지 못해서 시내를 한 바퀴 도는 데 2시간이나 걸리기 때문에 조련사는 관광객들에게 음료수를 제공한다. 조련사가 음료수는 무엇으로 하겠느냐고 묻는다. 겸손하고 예의 바른 존이 대답한다. "저는 가능하다면 다이어트 콜라로 먹겠습니다. 다이어트 콜라 있어요?" "물론이지요. 그밖에도 다른 게 필요하다면 떠나기 전에 말해요." "아, 그것이면 저는 됐습니다."

06 _ Whose cellular phone is this anyway?

도대체 이것은 누구 핸드폰입니까?

이야기 .. 조련사와 존과 여자 친구는 코끼리 등에 타고 길을 떠나려 한다. 그런데 코끼리가 발을 움직이는 순간 우지직 하는 소리가 발 밑에서 난다. "이게 무슨 소리지? 뭔가 찌그러지는 소리 같은데요." 뭔지는 모르지만 부서지는 소리가 분명했다. 그래서 조련사가 코끼리 등에서 내려와 살펴보니 코끼리 발에 눌려 납작해진 핸드폰이 눈에 띄었다. "도대체 이것은 누구 핸드폰입니까?" 존이 내려다보니 파란색의 핸드폰이 코끼리 발에 눌려 납작하게 되어 있다. 자세히 보니 존의 친구 톰의 것이다. 지난 주에 새 핸드폰을 샀다고 좋아하던 모습이 생생한데…… "그것은 톰의 것입니다. 지난 주에 그것을 샀을 겁니다." 그랬더니 조련사가 "운이 없게도 오늘 이런 문제가 생기다니……" 하며 걱정을 한다. 왜냐하면 코끼리가 사람들의 물건을 손상시키면 조련사가 물어내야 하기 때문이다. 걱정하는 조련사를 보니 존의 마음도 썩 좋지 않다. "어떻게 하겠어요, 이미 엎지러진 물인데. 그리고 그것은 아저씨 잘못이 아니에요. 오히려 거기에다 놓아 둔 톰의 잘못이지요."

07 _ Richard, what are you doing up there?

리처드, 그 위에서 뭐 하세요?

이야기 .. 이 동물원에는 타고 다닐 수 있는 동물들이 많다. 기린도 어린아이들을 태우고 동물원 안을 다니고 있다. 기린은 키가 크고 목이 길어서 멀리까지 잘 본다. 그런데 기린이 보아하니 저 멀리 리처드 조련사가 이번에는 커다란 나무 위에 올라가서 무엇을 하고 있는 게 아닌가. 웬만해선 저런 나무 위에는 안 올라가는데…… . 이상하게 여긴 기린이 그 쪽을 향해서 걸어간다. 기린의 등에는 꼬마 쌍둥이 형제가 타고 있다. 기린이 나무 근처에 가서 큰 소리로 "리처드, 그 위에서 뭐 하세요?"라고 물어본다. 깜짝 놀란 리처드가 기린을 쳐다보면서 아주 심각하게 말한다. "믿든지 말든지, 나는 지금 어떤 연구를 하고 있는 중이야." "연구? 나무 위에서 연구를 한다구요? 날 놀리는 거죠?" "아니야, 난 심각해. 난 요즘 CIA의 비밀스런 일을 하고 있다구." "어휴, 그런 농담 좀 하지 말아요. 당신이 나를 놀리려고 농담하는 거 다 알아요."

08 _ Who is that? To tell the truth, I don't like him that much.

저 사람이 누구지? 솔직히 말해, 나는 그를 그다지 좋아하지 않아요.

이야기 .. 기린 등에 타고 있던 쌍둥이 형제가 보니 기린과 대화를 나누고 있는 리처드가 클린턴 대통령과 닮았다. 그래서 동생이 먼저 "저 사람, 클린턴 대통령처럼 생겼다"라고 말한다. 형도 장단을 맞춘다. "야, 너무 닮았다. 그런데 난 솔직히 말해, 그 사람을 그다지 좋아하지 않아." 그랬더니 동생이 말한다. "나도 별로야. 그러나 오늘날 우리가 누리고 있는 번영에 관한 한 그의 공로는 인정해야 한다고 생각해." "맞아. 그 말은 맞다고 생각해. 하지만 난 요즘의 경제 상황이 좀 걱정스러워. 예측하기 힘들단 말야."

09 _ One should keep one's promise; otherwise no one will trust him or her.

사람은 약속을 지켜야 해. 그렇지 않으면 아무도 그 사람을 믿지 않을 거야.

이야기 .. 어느덧 기린 등을 타고 하는 관광이 끝났다. 이제는 기린 등에서 내려와야 하는데, 너무 재미가 있었던지 쌍둥이 동생이 한 번 더 탔으면 좋겠다고 한다. 하지만 형이 엄마와 한 약속을 지켜야 한다면서 의젓하게 타이른다. "사람은 약속을 지켜야 해. 그렇지 않으면 아무도 그 사람을 믿지 않을 거야." "그래, 형 말이 맞아." 형이 다시 말한다. "우리가 안 와서 엄마가 걱정하실지도 몰라."

✶✶ ZOO 00∼09까지의 전체 영어 문장

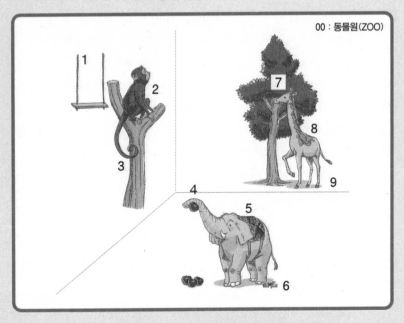

00 : 동물원(ZOO)

00 _ Once you see all those animals, you should feel better.

01 _ I need to fix my car as soon as possible.

02 _ I hope it snows all day long tomorrow.

03 _ Can I get you anything?

04 _ How many apples did you eat today?

05 _ If it is possible, I'd like to have a Diet Coke.

06 _ Whose cellular phone is this anyway?

07 _ Richard, what are you doing up there?

08 _ Who is that? To tell the truth, I don't like him that much.

09 _ One should keep one's promise; otherwise no one will trust him
or her.

10 : 테니스(TENNIS)

10 _ Speaking of the tennis match, this is John's last one of the season.

테니스 경기로 말하자면, 이것은 존의 그 시즌 마지막 경기입니다.

이야기 .. 존은 실력 있는 테니스 선수로, 이번에 마지막 경기를 하고 이집트로 유학을 떠날 예정이다. 심판관이 존의 경기를 보러 온 사람들에게 "테니스 경기로 말하자면, 이것은 존의 이 시즌 마지막 경기입니다"라고 말하자, 기자가 그렇다면 질문할 게 좀 있는데, 사무실에 들어가는 대로 전화하겠다면서 전화번호를 물었다. 나중에 기자는 전화를 해서, 존이 올해 경기에 몇 번이나 출전했는가를 물었다. 50번 정도는 출전했을 것이라고 하니까, 기자는 아닐 거라며 25 경기 이상은 아니라고 우긴다.

10 : 테니스(TENNIS)

11 _ Do you know how to cook this?

이것을 어떻게 요리하는지 알고 있니?

이야기 .. 테니스 심판관은 인정 없고 매우 공짜를 좋아하는 사람이다. (심판관의 이마를 보라.) 요즘 볼보이는 집안일로 며칠째 지각이라 심판관에게 눈치가 보인다. 그래서 볼보이는 심판관에게 잘보이려고 송이버섯을 뇌물로 상납했다. 그랬더니 심판관은 뇌물을 받고는 당연한 듯이 "이것을 어떻게 요리하는지 알고 있니?"라고 물어본다. 볼보이가 "전에 조리법을 알았는데 잊어버렸습니다. 제가 알아다 드릴까요?"라고 대답한다. "그래 주면 고맙겠고." "언제까지 알아다 드릴까요? 다음 화요일 괜찮으세요?"

12 _ I feel sick to my stomach.

배가 아프네.

이야기 .. 심판관은 요리법을 알기도 전에 뇌물로 받은 버섯을 날것으로 먹고는 배탈이 났다. 심판관이 "배가 아프네"라고 하자 볼보이는 "아스피린을 하나 먹어 보세요" 한다. "야, 임마! 배가 아픈데 왜 아스피린을 먹니? 무슨 근거로 그것이 내 배탈에 들을 거라고 생각하지?" 심판관은 볼보이가 하는 말을 진담으로 듣고 신경질을 부린다. "아저씨 농담이에요. 농담도 받을 줄 모르시나 봐요." "지금 내가 농담할 기분인 줄 알아?" "그렇게 아프신 줄은 몰랐네요. 미안해요, 아저씨."

13 _ Feel free to call me, whenever you want to play tennis.

테니스 경기를 하고 싶으면 사양하지 말고 언제든 내게 전화해요.

이야기 .. 심판관은 경기를 관찰하지 않고 지나가는 기자들에게 "테니스 경기를 하고 싶으면 사양하지 말고 언제든 내게 전화해요"라며 잘난 척한다. 요즘은 테니스 치는 사람들이 많아져서 테니스 코트를 잡기가 아주 힘들기 때문이다. 그런데 이 기자는 호의는 고맙지만 너무 바빠서 못 친다고 대꾸한다. "무슨 일을 하는데?" "일본 엔지니어들과 어떤 프로젝트를 진행하고 있는데, 이번 달까지는 끝내야 합니다." "그렇구만. 행운을 비네." "고맙습니다. 내겐 정말 행운이 필요합니다."

10 : 테니스(TENNIS)

14 _ I have two sisters, and both of them are sick. To make matters worse, they have to take their final exams this week.

저에게는 누나가 두 명 있는데 모두 아파요. 설상가상으로 그들은 이번 주에 학기말 시험을 쳐야 합니다.

이야기 .. 볼보이에게는 누나가 두 명 있다. 그런데 두 명이 모두 감기 몸살이 났다. 설상가상으로 두 누나가 다 학기말 시험을 봐야 한다. 참으로 안타까운 일이다. 볼보이는 누나들을 간병하느라 오늘도 지각했다. 볼보이가 매일 지각을 하니까 심판관이 물어본다. "너는 왜 매일 늦는 거니?" "저에게는 누나가 두 명 있는데, 모두 아파요. 게다가 설상가상으로 그들은 이번 주에 학기말 시험을 쳐야 합니다." 사실 이러한 사정을 아는 친구들은 볼보이에게 며칠 쉬라고 했지만 과연 심판관이 휴가를 내 줄지 모르겠다. "그것 참 안됐구나. 그들이 지금은 괜찮니?" 심판관은 말로는 이렇게 물어보았지만, 사실 눈 하나 깜짝하지 않는 것 같다.

15 _ How come you are not wearing a yellow uniform today?

너는 오늘 왜 노란 유니폼을 입지 않았니?

이야기 .. 볼보이가 오늘은 다른 날보다 더 늦어서 유니폼도 입지 못하고 왔다. 그랬더니 심판관이 오늘은 어째서 노란 유니폼을 입지 않고 왔냐며 신경질을 부린다. "아침에 시간이 없어서 유니폼도 못 입고 왔어요. 죄송합니다." 그런데 뜻밖에도 그 심판관이 누나들은 어떠냐고 묻는다. 상태가 매일 악화되고 있다고 하니, 무슨 바람이 불었는지 문제가 있으면 자기에게 말하라며 자기가 뭐 도와줄 일이 없냐고 묻는다. 그러자 볼보이는 생각해 보고 말씀드리겠다고 한다.

16 _ I have to make a decision by 10:30.

나는 10시 30분까지 결정을 내려야 해.

이야기 .. 오늘은 유니폼도 안 입고 와서 일을 해야 할지 어떨지 모르겠다. 게임이 시작되기 전 10시 30분까지는 일을 할지 안 할지 결정해야만 한다. 그래서 친구에게 "나는 10시 30분까지 결정을 내려야 해"라고 말하자 친구는 뭐 그리 일찍 결정을 내리느냐고 하며 천천히 결정하라고 한다. 그러나 결정을 내리는 것은 쉬운 일이 아니다. 심판관이 그때 한마디한다. "이봐, 학생, 집에 가서 좀 쉬라구, 알았어?" 볼보이는 너무 신이 나서 날아갈 것 같다.

10 : 테니스(TENNIS)

17 _ How often do you play tennis?

얼마나 자주 테니스를 칩니까?

이야기 .. 존은 겸손하고 예의가 바른 학생이다. 상대방 선수에게 안부와 더불어 "얼마나 자주 테니스를 칩니까?"라고 묻는다. 그랬더니 상대방 선수가 테니스 코트 사정이 나빠서 많이 치지 못한다고 한다. 일주일에 두 번, 그것도 빈 코트를 발견하면 친다고 한다. 존은 그 사람에게 언제 오면 빈 코트를 발견할 수 있는지에 관해 조언을 해 주려고 한다. 그랬더니 그 선수가 솔깃해서 귀를 기울인다.

18 _ Do you mind if I give you some advice on that?
It is a very important tip on how to use the court.
제가 거기에 대해 조언을 좀 해도 될까요?
그것은 테니스 코트를 사용하는 데 매우 중요한 정보가 될 겁니다.

이야기 .. 존은 자기가 알고 있는 정보를 주려고 먼저 조심스럽게 물어본다. "제가 거기에 대해 조언을 좀 해도 될까요? 그것은 테니스 코트를 사용하는 데 매우 중요한 정보가 될 겁니다." 상대방 선수가 "당신은 말씀하시는 것에 대해 뭔가 잘 알고 계시는 것같이 들리는군요"라며 관심을 보이자, 존은 이 지방은 기독교 신자들이 많은데, 수요일에는 그들이 교회를 가기 때문에 수요일 밤에 오면 코트가 많이 비어 있다고 알려 준다. 상대방 선수가 고맙다고 말하며 게임을 시작한다.

19 _ You are much better than me.
당신이 저보다 훨씬 잘하시는군요.

이야기 .. 두 선수가 이제 게임을 시작한다. 존의 서브를 상대방 선수가 빠르게 반격했는데 너무 공이 빨라서 존의 다리에 맞았다. 존이 놀라면서 "당신이 저보다 훨씬 잘하시는군요"라고 말한다. 그러자 상대편 선수가 멋쩍어하며 대답한다. "아니에요, 겸손해하지 마세요. 이 지역에서 당신이 최고라는 건 누구나 압니다." 이 근방에서는 존이 테니스를 가장 잘 치는 선수로 알려져 있다. "아니에요, 정말 잘 치시는데요! 요즘 무슨 레슨 같은 것 받으세요?" "아니에요, 그냥 학교에서 테니스 과목 하나 듣고 있어요. 아마 그게 좀 도움이 되지 않았나 싶네요."

✱✱ TENNIS 10~19까지의 전체 영어 문장

10 _ Speaking of the tennis match, this is John's last one of the season.

11 _ Do you know how to cook this?

12 _ I feel sick to my stomach.

13 _ Feel free to call me, whenever you want to play tennis.

14 _ I have two sisters, and both of them are sick. To make matters worse, they have to take their final exams this week.

15 _ How come you are not wearing a yellow uniform today?

16 _ I have to make a decision by 10:30.

17 _ How often do you play tennis?

18 _ Do you mind if I give you some advice on that?
   It is a very important tip on how to use the court.

19 _ You are much better than me.

20 : 황혼(TWILIGHT)

20 _ I can't believe this is the last summer camp that I am attending with you guys.

이것이 내가 너희들과 함께 참석하는 마지막 여름 캠프라니 믿어지지가 않는다.

이야기 .. 존은 이제 마지막으로 테니스 클럽의 친구들과 산으로 캠핑을 간다. 곧 이집트에 유학 갈 것을 생각하니 시간이 얼마나 빠른지 새삼스럽다. "이것이 내가 너희들과 함께 참석하는 마지막 여름 캠프라니 믿어지지가 않는다"라고 하자 다른 친구가 "시간이 화살 같지?"라고 대꾸한다.

20 : 황혼(TWILIGHT)

21 _ There's some food on the table. Help yourself, but please don't feed the dog. We are trying to cut down the food cost.

식탁 위에 음식이 좀 있어요. 마음껏 들되, 개에게는 먹이지 마세요. 음식 비용을 절감하려고 합니다.

이야기 .. 존이 소속되어 있는 테니스 클럽에서 여름 캠프를 갔다. 산꼭대기에 올라가니 슬슬 배가 고파 왔다. 존이 일하는 아주머니에게 "뭐 먹을 것 좀 없나요?"라고 묻는다. "식탁 위에 음식이 좀 있어요. 마음껏 들되, 개에게는 먹이지 마세요." "왜요?" "요즘은 경기가 나빠서 사람도 먹고 살기가 힘이 들어요." "그런 걱정은 마세요. 내 배도 못 채우는데 아무럼 개에게까지 먹이겠어요. 내 몸부터 돌보기 바쁜데요, 뭘."

22 _ Is there a drugstore around here?

이 근처에 약국이 있나요?

이야기 .. 어떤 학생이 새 운동화를 신고 등산을 한 바람에 발에 상처가 났다. 발을 절룩거리자 존이 아주머니에게 묻는다. "이 근처에 약국이 있습니까?" 아주머니가 대답한다. "요 밑에 마을 중심가에 내려가면 있지요." "어떻게 가는지 알려 주시겠습니까?"

23 _ Don't tell me you can't go there.

거기에 갈 수 없다는 말은 말아 줘.

이야기 .. 산 밑에서는 미셸과 그 남자 친구가 배낭을 메고 가고 있다. 오랜만에 등산을 한 탓인지 미셸은 아주 탈진 상태가 되어서 땅에 주저앉았다. "난 못 갈 것 같아." "갈 수 없다는 말은 말아 줘. 내 속이 탄다." "정말이야, 다리에 심한 통증이 있어. 못 갈 것 같아. 다리가 아파 죽겠어." 남자 친구가 울상이 되어서 어쩔 줄을 모르는데 그때 핸드폰이 울린다.

20 : 황혼(TWILIGHT)

24 _ You should call the doctor right away.
당장 의사를 부르는 게 좋겠어.

이야기 .. 산 건너편에는 야자수가 울창하게 솟아 있는 섬이 있다. 그 섬에는 존이 속해 있는 테니스 클럽 사장의 사무실도 있다. 사장은 산으로 캠핑을 떠난 클럽 학생들이 무사한지 확인하기 위해 야자수 위에 올라가 쌍안경을 들고 학생들을 관찰하고 있다. 저기 산 아래에 한 여학생이 보인다. 멀리서 보니 미셸 같다. 그 여학생이 갑자기 땅에 주저앉자 전화를 걸어서 무슨 일이냐고 묻는다. 그는 "당장 의사를 부르는 게 좋겠어"라고 지시한다. "그런데 의사 선생님의 전화번호를 기억하고 있나요?" "119를 불러." "119요?" "아 참, 아니지. 내 말은 114에다 전화해서 의사의 전화번호를 물어보라구."

25 _ Would you bring more batteries for me?

배터리 좀 더 가져다 줄래요?

이야기 .. 장시간 전화를 하니 전화의 배터리가 약해져 간다. 야자수 밑에서는 운전사가 기다리고 있는데 사장이 그 운전사에게 "배터리 좀 더 가져다 줄래요?" 하고 정중히 부탁한다. "네, 그러죠. 무슨 사이즈 배터리를 원하세요? AAA 사이즈로 갖다 드릴까요?"

26 _ May I ask you where I can find those batteries? I looked around everywhere but I couldn't find them. Where did you put them?

어디 가면 그런 배터리를 찾을 수 있는지 알려 주시겠습니까? 사방을 다 뒤져 봤는데 찾지 못했어요. 어디에 두셨어요?

이야기 .. 사장의 차를 아무리 뒤져도 배터리가 없자 운전사가 사장에게 묻는다. "사장님, 어디 가면 그런 배터리를 찾을 수 있는지 알려 주시겠습니까? 사방을 다 뒤져 봤는데 찾지 못했어요. 어디에 두셨어요?" 사장은 자신의 사무실에 배터리를 놓아 둔 사실을 기억하고 다시 운전사에게 말한다. "내 책상 윗서랍을 찾아봤나?"

20 : 황혼(TWILIGHT)

27 _ What is going on down there?
그 밑에 무슨 일이에요?

이야기 .. 존과 테니스 클럽의 학생들이 캠핑을 간 그곳은 유명한 휴양지다. 그래서 바다에는 유람선도 있다. 그런데 테니스 클럽의 사장과 배의 선장과는 친구지간이다. 배의 선장이 개인 적인 이야기를 하려고 배를 조수에게 맡기고 배의 꼭대기 망대에 올라가 테니스 클럽의 사장과 통화를 한다. 그런데 갑자기 배가 꽝 하며 뭔가에 부딪힌다. 그래서 선장이 "그 밑에 무슨 일이에요?" 하고 묻자 조수가 떨면서 나와 말한다. "배에 있는 뭔가를 실수로 잘못 눌렀더니 이렇게 되었습니다. 죄송합니다." 선장은 망대에서 급히 내려오며 말한다. "어이쿠, 당신 뭔가 큰 실수를 저질렀군요!"

28 _ I had a hard time controlling the boat.

그 배를 조종하는 데 매우 힘이 들었어요.

이야기 .. 조수는 당황해서는 망대에서 내려오고 있는 선장에게 계속 변명을 한다. "그 배를 조종하는 데 매우 힘이 들었어요. 내 잘못이긴 하지만……." "침착해요. 좀 진정하세요. 천천히 하는 것 잊지 마세요. 익숙해질 때까지는 노력이 필요합니다"라고 선장이 말한다.

29 _ Please forgive me this time. I will make sure it won't happen again.

한 번만 용서해 주십시오. 다시는 그런 일이 없도록 하겠습니다.

이야기 .. 선장이 망대에서 내려오자 조수는 선장에게 용서를 빈다. "선장님, 이번 한 번만 용서해 주십시오. 다시는 이런 일이 없도록 하겠습니다." 선장은 너그러운 눈빛으로 조수를 보며 이렇게 말한다. "걱정하지 마세요. 누구나 실수는 합니다. 같은 실수를 반복하지만 않으면 나에겐 별 문제 없어요. 누구나 실수를 저지르지만, 바보만이 실수를 반복하는 거예요." 그러곤 조수의 어깨를 다독거려 주었다.

∗∗ TWILIGHT 20~29까지의 전체 영어 문장

20 : 황혼(TWILIGHT)

20 _ I can't believe this is the last summer camp that I am attending with you guys.

21 _ There's some food on the table. Help yourself, but please don't feed the dog. We are trying to cut down the food cost.

22 _ Is there a drugstore around here?

23 _ Don't tell me you can't go there.

24 _ You should call the doctor right away.

25 _ Would you bring more batteries for me?

26 _ May I ask you where I can find those batteries? I looked around everywhere but I couldn't find them. Where did you put them?

27 _ What is going on down there?

28 _ I had a hard time controlling the boat.

29 _ Please forgive me this time. I will make sure it won't happen again.

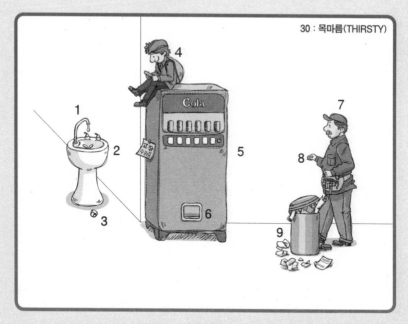

30 _ On a day like this, I would do anything for a cold drink.

오늘같이 더운 날엔, 찬 음료수를 위해서라면 뭐든지 하겠어.

이야기 .. 존이 캠핑을 마치고 집으로 돌아가는데, 날씨가 흐리고 너무나 후텁지근했다. 비가 올 것 같으면서 푹푹 찌는 날씨다. 땀을 뻘뻘 흘린 존과 친구는 목이 말라 식수대를 찾으며 중 얼거린다. "오늘같이 더운 날엔, 찬 음료수를 위해서라면 뭐든지 하겠어." 그러자 친구가 맞장 구 친다. "나도 동감이야."

30 : 목마름(THIRSTY)

31 _ What are you looking at?

뭘 보고 있니?

이야기 .. 존이 식수대를 찾았다. 그곳으로 가니 동네 꼬마 여자아이가 뭔가를 찾다가 일어나 서는 허공을 본다. 존은 그 꼬마 여자아이에게 말을 건다. "뭘 보고 있니?" 그러자 꼬마 여자아 이가 대답한다. "비가 금방이라도 내릴 것 같아요." 존이 하늘을 보니, 정말 당장이라도 비가 후두둑 떨어질 것 같이, 하늘은 먹구름으로 어둡다. 그런데 비가 오면 큰일이다. 우산이 없기 때문이다. 존이 중얼거린다. "그래, 정말 그렇구나. 나도 그럴 거라고 생각하고 있었어. 그런데 한 가지 문제는, 지금 내가 우산을 갖고 있지 않다는 거야."

32 _ I heard you are moving to New York. Is that right?

뉴욕으로 이사한다고 들었는데, 그게 사실이니?

이야기 .. 언젠가 이웃으로부터 이 여자아이의 가족이 뉴욕으로 곧 이사 갈 것이라는 얘기를 들은 것 같다. 존이 물어본다. "너희 가족이 뉴욕으로 이사한다고 들었는데, 그게 사실이니?" "그래요. 다음 달에 뉴욕으로 이사하기로 했어요."

33 _ Is this the ring you were looking for?

이것이 네가 찾고 있던 반지니?

이야기 .. 그런데 여자아이는 물을 마시러 식수대에 온 게 아닌 것 같다. 자꾸만 식수대 근처를 두리번거리며 살피고 있다. 보아하니 뭔가를 찾고 있는 것 같다. 존이 여자아이에게 뭘 잃어버렸냐고 묻자, 여자아이는 반지를 하나 잃어버렸는데, 이 근처에 떨어뜨린 것 같다고 대답한다. 존이 바닥을 보니 조그만 게 반짝이고 있다. 반지였다. 존은 반지를 주워 여자아이에게 보여 주며 묻는다. "이게 네가 찾고 있던 반지니?" "맞아요. 그런데 그것을 어디서 찾았지요?" 한참을 찾았지만 발견하지 못했던 것을 존이 금방 찾아내니까 여자아이는 무척 신기해한다.

30 : 목마름(THIRSTY)

34 _ How much did you pay for that?

너 그것 얼마 주고 샀니?

이야기 .. 존은 아직 물을 못 먹었다. 먹기에는 너무 미지근했다. 그래서 음료수를 마시려고 자동 판매기 쪽으로 갔는데, 자동 판매기 위에서 친구의 동생이 새로 나온 전자 게임기를 가지고 신나게 놀고 있다. 존이 보기에 퍽 재미있을 것 같다. 그래서 존은 친구의 동생에게 "그것 얼마 주고 샀니?"라고 물어 본다. "아마도 200달러 정도 할 거예요. 그렇지만 확실한 건 아니에요. 왜냐하면 삼촌이 크리스마스 선물로 주신 것이거든요." 존은 친구 동생과 이야기하느라고 기계 한쪽 구석에 붙어 있던 '고장' 푯말을 보지 못했다.

35 _ How do you open this door?

이 문을 어떻게 여니?

이야기 .. 존은 그 친구의 동생과 이야기를 하면서 동전을 자동 판매기에 넣고 버튼을 눌렀는데 음료수가 나오지를 않는다. 몇 번 쳐 보고 동전 반환 레버를 눌러도 안 된다. 화가 나서 친구 동생에게 묻는다. "이 문을 어떻게 여니?" 그러자 그 아이가 문 여는 방법을 알려 준다. "이게 좀 애매해요. 여기를 이렇게 들어서 앞으로 밀어야 해요. 그러나 그것을 열어서는 안 돼요." 사실 그렇다. 아무나 함부로 기계를 열어선 안 된다.

36 _ I hate this. This kind of thing makes me really angry.

난 이런 것은 딱 질색이야. 이런 일은 정말 나를 화나게 만든다구.

이야기 .. 착한 존이지만 신경질이 나는 건 어쩔 수가 없다. 그래서 한마디한다. "난 이런 것은 딱 질색이야. 이런 일은 정말 나를 화나게 만든다구." 자동 판매기에서 정작 음료수는 나오지 않고 돈만 먹어 버렸기 때문이다. 그는 홧김에 기계를 발로 뻥 찬다. 친구 동생은 존의 심정을 헤아리는 듯 위로해 준다. "누군들 안 그러겠어요. 당신을 탓하는 건 전혀 아니에요. 차선책은 그 회사로부터 환불받는 것이라고 생각해요." 그때, 자동 판매기 수리공으로 보이는 사람이 휴지통 쪽으로 걸어오는 게 보인다.

131

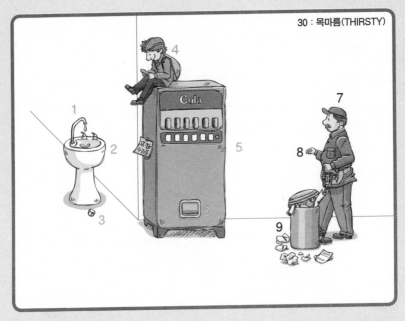

30 : 목마름(THIRSTY)

37 _ We are very sorry for all the trouble we've caused you, but that's the way it is around here. Take it or leave it.

여러 가지로 폐를 끼쳐서 정말 죄송하지만, 세상일이란 게 다 그렇지요. 사든지 말든지 하세요.

이야기 .. 휴지통 뒤쪽에서 자동 판매기 회사에서 기계를 고치려고 온 사람이 존을 보면서 사과한다. "여러 가지로 폐를 끼쳐서 정말 죄송하지만, 세상일이란 게 다 그렇지요. 사든지 말든지 하세요." 그런데 그 태도가 정말 미안한 것처럼 보이지 않는다. 왜냐하면 존이 자동 판매기를 차고 있는 것을 그가 보았기 때문이다. '왜 애꿎은 기계에 대고 화풀이를 하느냔 말이야!' 존은 갑자기 무안해진다. "아니, 아저씨, 제가 뭐라고 했나요? 왜 그런 말씀을 하세요."

38 _ Excuse me. How long will it take to fix it?

실례합니다. 그것을 고치는 데 시간이 얼마나 걸릴까요?

이야기 .. 기계 고치는 사람은 허리에 찬 연장 주머니에서 연장을 이것저것 꺼내서는 자동 판매기를 수리하기 시작한다. 존이 다시 정신을 가다듬고 물어본다. "실례합니다. 그것을 고치는 데 시간이 얼마나 걸릴까요?" 10분도 안 걸린다고 하니까 존은 친구의 동생에게 전화 좀 하고 오겠다고 하며 옆의 공중전화 부스로 간다.

39 _ Oh my gosh! What a mess! What happened here?

어휴, 엉망이네. 여기 무슨 일이에요?

이야기 .. 갑자기 자동 판매기에서 펑 소리가 나더니 기계에서 거품과 연기가 난다. 존이 놀라서 기계가 있는 곳으로 와서 보니, 그 사람이 자동 판매기의 압축 장치를 잘못 건드려서 그것이 터졌던 것이다. 존은 놀라서 묻는다. "어휴, 엉망이네. 여기 무슨 일이에요?" 다 서툰 수리공 탓이다. 수리공은 할말이 없다. "흠, 문제가 점점 악화되는군요. 뭐라고 드릴 말씀이 없습니다."

** THIRSTY 30~39까지의 전체 영어 문장

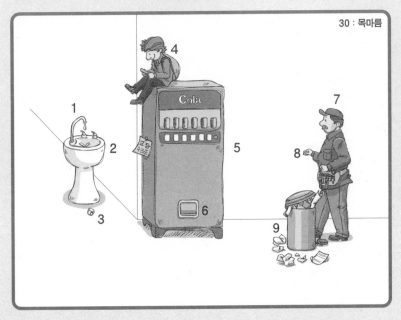

30 : 목마름

30 _ On a day like this, I would do anything for a cold drink.

31 _ What are you looking at?

32 _ I heard you are moving to New York. Is that right?

33 _ Is this the ring you were looking for?

34 _ How much did you pay for that?

35 _ How do you open this door?

36 _ I hate this. This kind of thing makes me really angry.

37 _ We are very sorry for all the trouble we've caused you, but that's the way it is around here. Take it or leave it.

38 _ Excuse me. How long will it take to fix it?

39 _ Oh my gosh! What a mess! What happened here?

40 : 일기 예보(FORECASTING)

40 _ John promised to visit Paul's office before he leaves for Egypt.

존은 이집트로 떠나기 전에 폴의 사무실을 방문하기로 약속했습니다.

이야기 .. 폴은 존의 친구의 형이다. 법조계에 진출해서 판사로 활동하고자 사법고시를 쳤는데, 두 번이나 연속으로 미끄러졌다. 그래서 일단은 잠시 꿈을 접고 방송국에 지원했는데, 이번에는 운좋게 합격했다. 폴은 지금 방송국에서 기상 캐스터로 일하고 있다. 존이 이집트로 유학을 떠날 날이 얼마 남지 않았다. 그래서 존은 입사도 축하할 겸 인사를 하러 폴의 사무실에 들렀다.

41 _ Let me know when she comes in.

그녀가 들어오면 내게 알려 줘.

이야기 .. 폴이 다니는 방송국에는 같이 일하는 노총각 프로듀서가 있다. 그 프로듀서는 폴과 함께 방송국에 들어온 미스 최를 보고 첫눈에 반했다. 그래서 미스 최에게 관심을 끌기 위해 문장의 5형식을 연구해서 발표하라고 했는데, 미스 최는 오히려 그 일이 부담스러워 꾀병을 부리고 결근한다. 프로듀서는 그것도 모르고 사람들에게 "그녀가 들어오면 내게 알려 줘"라고 부탁한다.

42 _ Why don't you give her a call and remind her that I'll stop by around 9.

그녀에게 전화해서 내가 9시쯤 들를 거라고 말해 줘.

이야기 .. 미스 최가 결근한 사실을 알게 된 프로듀서는 사람을 시켜서 미스 최에게 전화하라고 한다. 프로듀서는 옆에 있는 직원에게 "그녀에게 전화해서 내가 9시쯤 들를 거라고 말해 줘"라고 부탁한다.

43 _ I wonder if this pearl necklace will make her happy.

이 진주 목걸이가 그녀를 행복하게 해 줄까 몰라.

이야기 .. 사실 프로듀서는 오늘 미스 최에게 프러포즈하려고 진주 목걸이를 가지고 왔는데, 미스 최가 결근하자 마음이 좀 불안하다. 그는 혼자서 "이 진주 목걸이가 그녀를 행복하게 해 줄까 몰라"라고 중얼거린다. 그러자 옆에 있던 부하 직원이 프로듀서에게 용기를 준다. "실제로 해 보지 않고는 모르는 거죠. 뜻이 있는 곳에 길이 있잖아요."

44 _ Are you surprised at the news?
그 뉴스에 놀라셨나요?

이야기 .. 아나운서는 신입 사원으로, 프로듀서에게 잘 보이려고 무진 애를 쓴다. 그때 테러리스트들이 뉴욕 월드 트레이드 센터에 비행기를 격돌시켰다는 믿기 어려운 뉴스가 방송국에 들어왔다. 아나운서는 그 뉴스를 전하면서 자신도 너무 놀라 망연자실해 있다. 이 방송국에서는 아직 TV 보도진들이 현장에 도착하지 않아서 정확한 상황을 잘 모르는 상태였다. 뉴스를 들은 사람들은 경악을 금치 못한다. 특히 노총각 프로듀서는 미스 최 생각을 하고 있다가 뒤통수를 얻어맞은 것처럼 얼이 빠졌다. 그 모습을 보고 아나운서는 걱정스런 얼굴로 프로듀서에게 묻는다. "그 뉴스에 놀라셨나요?"

45 _ Do you want me to verify that for you?

제가 그것을 확인해 드릴까요?

이야기 .. 놀란 프로듀서를 보면서 아나운서가 프로듀서에게 잘 보이려고 물어본다. "제가 그것을 확인해 드릴까요? 사건 현장으로 제가 직접 가 보겠습니다." "그래 주겠나? 그렇게 해 주면 고맙겠네. 그러나 다시 말하지만 원하지 않으면 안 해도 상관없어요."

46 _ It was here on the table this morning but it's gone now.

아침까지만 해도 여기 책상 위에 있었는데 지금은 없어졌네.

이야기 .. 프로듀서가 그렇게 해 주면 고맙겠다고 하자 밖으로 나가려고 차 키를 찾았는데 없다. 아나운서는 "아침까지만 해도 여기 책상 위에 있었는데 지금은 없어졌네" 라고 신경질을 낸다. 왜냐하면 중앙정보부까지 가려면 차가 필요하기 때문이다. 안타깝게도 차 키는 책상 옆 바닥에 떨어져 있는데 그것을 못 보고 말이다.

47 _ It's obvious he failed the exam twice before he became a broadcaster.

그가 방송인이 되기 전에 그 시험에 두 번이나 떨어진 것이 분명해요.

이야기 .. 폴은 존의 친구의 형인데, 사법고시에 연거푸 떨어지자 잠시 꿈을 접고 방송인이 된 사람이다. 방송국 사람들이 존에게 "폴이 방송국에서 일하기 전에 사법고시에 몇 번 떨어졌는지 아세요?"라고 물어보자, 존은 폴이 자기 집 책상 위에 '세 번째는 붙는다'라고 써 붙여 놓았던 것을 기억하고는 "그가 방송인이 되기 전에 그 시험에 두 번 떨어진 것이 분명해요"라고 대답한다. 사람들이 "어떻게 알았지요?" 하며 궁금해하지만 존은 씩 웃으며 말하지 않는다. "말하지 않을 겁니다. 그건 비밀이에요."

48 _ The reason why he failed the exam was he simply didn't study hard enough.

그가 그 시험에 떨어진 것은 단지 그가 공부를 열심히 하지 않았기 때문이에요.

이야기 .. "그런데 왜 폴이 그 시험에 두 번씩이나 떨어졌을까요?" 하니까 존이 "그가 그 시험에 떨어진 것은 단지 그가 공부를 열심히 하지 않았기 때문이에요"라고 말한다. 그 동안 여자 친구와의 결혼 문제도 있었고 해외 출장도 잦아서 사법고시를 준비할 시간이 없었기 때문이다.

49 _ If he studies hard, he will pass the exam. That's for sure.

열심히만 공부한다면, 그는 그 시험에 합격할 겁니다. 그건 확실해요.

이야기 .. 사람들이 폴의 낙방을 놀림감으로 삼자, 존이 대신 변명을 한다. 폴은 존의 친한 친구의 형이라 마치 존 자신이 창피를 당하는 듯 얼굴이 화끈거린다. "폴은 워낙 머리가 좋은 사람이니까, 열심히만 공부한다면 그는 그 시험에 합격할 겁니다. 그건 확실해요." 그러자 사람들도 수긍을 한다. "그 점에 관한 한 당신 말이 맞아요. 노력하지 않으면 얻을 수 없는 법이지요."

✶✶ FORECASTING 40~49까지의 전체 영어 문장

40 _ John promised to visit Paul's office before he leaves for Egypt.

41 _ Let me know when she comes in.

42 _ Why don't you give her a call and remind her that I'll stop by around 9.

43 _ I wonder if this pearl necklace will make her happy.

44 _ Are you surprised at the news?

45 _ Do you want me to verify that for you?

46 _ It was here on the table this morning but it's gone now.

47 _ It's obvious he failed the exam twice before he became a broadcaster.

48 _ The reason why he failed the exam was he simply didn't study hard enough.

49 _ If he studies hard, he will pass the exam. That's for sure.

암기를 위한 50개의 이야기는 두세 번 정도 읽어서 전체적인 흐름을 파악하도록 한다. 그리고 그림을 따라가며 그림에 얽힌 이야기를 차근차근 떠올리면서 우리말 대사를 해당 영어로 말해 본다. 만일 처음부터 영어 문장이 떠오르지 않는다면, 우선은 그림을 따라가며 우리말로 해 본다. 우리말로 50개의 그림 이야기를 순서대로 술술 할 수 있게 되면 그 내용을 영어로 바꾸어 말하는 연습을 한다. 얼마 지나지 않아 기본 50문장을 순서대로 말하는 데 어려움을 느끼지 않게 될 것이다.

✳ 1-9. 기본 50문장 암기 테스트

앞에 소개한 50개의 이야기와 50개의 그림 주소를 알고 꾸준히 노력하면 곧 기본 50문장을 암기할 수 있을 것이다. 지금까지의 암기는 우리의 머리로 하는 것이 아니다. 만약 우리의 머리에 의지해 암기를 하려고 한다면 쉽게 한계에 부딪히고 말 것이다. 처음에는 순서대로 외울 수도 있겠으나, 시간이 지나면 곧 순서가 뒤죽박죽이 되고 문장이 가물거릴 것이다. 하지만 그림 주소를 사용해 기술로 암기를 하면 그럴 염려가 없다. 이 기술은 자전거의 보조 바퀴와 같다. 처음에는 보조 바퀴의 도움을 받아 자전거를 타지만, 나중에는 보조 바퀴의 도움 없이도 자전거를 탈 수 있게 되는 것과 같은 이치다. 즉, 처음에는 그림 주소의 도움을 받아 순서대로 문장을 외우지만, 이것이 익숙해지면 그림 주소를 떠올리지 않고도 거의 자동적으로 기본 50문장을 순서대로 외울 수 있게 되는 것이다. 이 암기법은 특히 학습 파트너를 정해서 약 30분 정도 서로 질문하고 연습하는 것이 무엇보다 중요하다. 학습 파트너를 잘 구한 사람들은 영어 공부에 능률을 올리는 반면에 학습 파트너를 구하지 못한 사람들은 그 열기가 식는 것을 많이 보았다. 반드시 학습 파트너와 함께 여기에 나오는 그림 주소부터 암기 이야기 등등의 자료를 서로 질문하고 연습해 볼 것을 권한다.
기본 50문장의 암기를 테스트해 보도록 하자. 다음은 주소, 그림 주소, 기억 노트, 영어 문장의 시작이다.

** 주소, 그림 주소, 기억 노트, 영어 문장의 시작

00 _ 동물원, 여자 친구를 동물원에 데리고 감, Once ~

01 _ 그네, 여자 친구가 기분이 나쁨, I need ~

02 _ 원숭이 머리, 주사 맞기 싫음, I hope ~

03 _ 원숭이 꼬리, 조련사가 나무에 매달림, Can I ~

04 _ 코끼리 코, 당뇨병과 사과, How many ~

05 _ 코끼리 등, 마실 것과 콜라, If it is ~

06 _ 코끼리 다리, 핸드폰 깨짐, Whose cellular phone ~

07 _ 기린의 머리, 나무 위에서 연구, What are you ~

08 _ 기린의 등, 쌍둥이 형제, To tell the truth ~

09 _ 기린의 다리, 엄마와 한 약속, One should keep ~

10 _ 테니스장, 상황 설명, Speaking of ~

11 _ 심판관 머리, 뇌물을 좋아함, Do you know ~

12 _ 심판관 배, 배가 아픔, I feel sick ~

13 _ 심판관 다리, 잘난 척함, Feel free to ~

14 _ 볼보이 머리, 누나가 두 명 있음, I have two ~

15 _ 볼보이 팔, 노란 유니폼을 입고 있지 않음, How come ~

16 _ 볼보이 다리, 10시 30분까지 결정해야 함, I have to ~

17 _ 선수(존)의 머리, 테니스를 몇 번 치는지, How often ~

18 _ 선수(존)의 손, 조언을 하려고 함, Do you mid ~

19 _ 선수(존)의 다리, 존보다 더 잘하네, You are ~

20 _ 황혼, 마지막 여름 캠프, I can't believe ~

21 _ 산꼭대기, 배가 고픔, There's some ~

22 _ 산 중간, 새 운동화 때문에 발에 상처가 남, Is there ~

23 _ 산 밑, 여자아이 주저앉음, Don't tell ~

24 _ 야자수 위, 사장이 관찰, You should ~

25 _ 야자수 중간, 배터리 좀 가져다 달라고 함, Would you bring ~

26 _ 야자수 아래, 사장 운전기사가 물음, May I ask ~

27 _ 배 꼭대기, 선장 없는 사이에 사고가 남, What is ~

28 _ 배 중간, 조수가 실수함, I had a hard ~

29 _ 배 앞, 조수가 용서를 빔, Please forgive me ~

30 _ 목마름, 몹시 더운 날, On a day ~

31 _ 식수대 위, 비가 올 것 같음, What are you ~

32 _ 식수대 중간, 뉴욕으로 이사가는지 물음, I heard ~

33 _ 식수대 아래, 반지가 있음, Is this the ring ~

34 _ 자동 판매기 위, 전자 게임기, How much ~

35 _ 자동 판매기 중간, 동전을 넣었는데 안 나옴, How do you ~

36 _ 자동 판매기 아래, 발로 꽝 찼음, I hate ~

37 _ 휴지통 위, 자동 판매기 고치는 사람이 옴, We are ~

38 _ 휴지통 중간, 얼마나 걸리는지 물음, Excuse me ~

39 _ 휴지통 아래, 엉망이 된 상황, What a mess ~

40 _ 일기 예보, 폴이 일하는 방송국, John promised ~

41 _ 프로듀서 머리, 미스 최를 좋아함, Let me know ~

42 _ 프로듀서 손, 전화를 부탁함, Why don't you ~

43 _ 프로듀서 다리, 진주 목걸이, I wonder if ~

44 _ 아나운서 머리, 뉴스에 놀람, Are you ~

45 _ 아나운서 손, 확인해 줄지 물음, Do you want ~

46 _ 아나운서 다리, 자동차 키가 없어짐, It was here ~

47 _ 기상 캐스터(폴)의 머리, 사법고시에 두 번 낙방, It's obvious ~

48 _ 기상 캐스터(폴)의 손, 시험에 떨어진 이유, The reason why ~

49 _ 기상 캐스터(폴)의 다리, 공부만 열심히 한다면, If he studies ~

파트너와 연습해 보기 전에 스스로 기본 50문장이 암기되는지를 지면의
일부를 가리고 스스로 테스트해 보기를 바란다.

2. 습관 단계

✳ 2-1. 반복적인 연습만이 습관을 만든다

앞 단원에서는 어떻게 기본 50개의 문장을 책을 보지 않고 말할 수 있는 가에 대해서 생각해 보았다. 많은 사람들이 50개 문장 정도를 영어로 말할 수 있게 되면 영어 공부를 좀 한 것으로 생각하며 만족해한다. 물론 여기에 나온 기본 50문장만 제대로 해도 영어를 조금 한다고 볼 수 있다. 미국에서 10년 이상 살아도 영어 공부를 할 기회가 없었던 사람들은 위의 기본 50문장도 바르게 못하는 경우가 있다.

기본 50문장을 책을 보지 않고 영어로 줄줄 할 수 있게 되었다는 것은 이제 영어 공부를 할 준비가 되었다는 것이다. 이 말은 즉, 50개 문장 정도를 암기하지 못한다면 아직 영어 공부를 할 준비가 되어 있지 않다는 말이기도 하다. 그렇기 때문에 아무리 영어 책을 읽어도 책만 덮으면 깜깜해지는 것이다.

이제부터 영어 공부의 시작이다. 우선 기본 50문장을 완전하게 자기 것으로 만들어야 한다. 500개 문장을 어설프게 알고서도 제대로 사용하지 못하는 것보다는 50개 문장이라도 확실하게 알아서 바르게 사용하는 것이 훨씬 낫다. 기본 50문장을 자기 것으로 만들려면 우선 이 문장을 적어도 하루에 30번씩 소리내어 말해 보는 것이 필요하다. 가능하면 큰 소리로 암기해 보자. 물론 이 문장들을 바르게 발음하는 것이 중요하다. 일단 이 교재를 이용하는 사람들은 여기에 나오는 문장들을 읽을 수 있는 정도의 영어 실력을 갖추고 있는 것으로 간주하겠다.

이 문장들을 이 책의 부록인 카세트테이프를 들으면서 따라 하는 연습을 해야 한다. 따라 할 때나 혼자 연습할 때나, 특히 적어도 다음의 8가지 틀리기 쉬운 발음에 유의하기 바란다. 발음 교정도 너무 욕심 내지 말고 기본이 되는 8개로 시작하기 바란다. (이런 철자의 발음에 대해서는 기초적인 영문법 책에 자세히 나와 있으므로 그것을 참조한다.)

유의해야 할 발음에 대해서 간략하게 살펴보도록 하자.

1) p, b, m 발음은 어떻게 해서든지 입술이 부딪치는 느낌을 받아야 한다.

2) f, v 발음은 p, b, m과 달리 윗니와 아랫입술이 부딪치는 느낌을 받아야 한다.

3) l, r 발음은 l은 혀끝이 윗니 뒷부분에서 끝나며 r은 l과 다르게 혀를 꼬부리면서 안으로 당기며 한다.

4) th 발음은 윗니와 아랫니 사이에 혀를 가볍게 물었다가 안으로 끌어당기며 한국어의 '더' 발음이 되도록 한다.

발음 공부를 해야 하는 중요한 이유 중의 하나는, 발음이 되지 않으면 외국 사람들이 알아듣지 못하기 때문이다. 우리가 듣기에 아무리 영어를 빨리 유창하게 한다 해도 위의 8개 발음이 제대로 나오지 않으면 영어 초년생 대접을 면치 못한다. 50개 문장을 암기하는 순간부터 시간이 나는 대로 계속 영어로 반복해 봄으로써 영어가 습관이 되도록 한다.

어느 정도 공부해야 영어가 습관처럼 될까? 사람에 따라 다르지만 50개 문장을 30번씩 30일 정도 소리내어 연습해 보면 좋은 결과가 나올 것이다. 이것을 해 본 사람들은 동의하는 말이지만, 한 문장을 30번씩 반복한다는 것은 그리 쉬운 일은 아니다. 그러나 계속해서 꾸준히 30일 정도를 하다 보면 우리의 혀는 영어의 발음을 배우기 시작한다. 마치 우리 팔의 근육이 운동을 함으로써 더 튼튼해지는 것과 같이, 이런 훈련을 통해서 우리의 혀는 더 가벼워지고 어려운 발음도 쉽게 할 수 있게 되는 것이다. 만일 30번을 반복할 상황이 되지 않는다면 10번이나 5번 혹은 3번이라도 반드시 반복 연습을 하도록 하자.

✳ 2-2. 자투리 시간을 이용하라

DACE 학습법이 다른 학습법들과 차별화되는 것들 가운데 하나가 바로 '자투리 시간을 충분히 활용할 수 있도록 짜여진' 학습법이라는 점이다. DACE 학습법은 언제고 짬이 날 때마다 즉시 반복적으로 연습할 수 있는 구체적인 영어 지식을 제공해 준다.

50개 문장이 암기가 되면 그것을 통해서 영어를 습관으로 만들기 위해서 30번씩 30일을 연습하라고 했다. 하지만 따로 시간을 내서 책상에 앉아 이것을 해야 한다면 거의 불가능할 것이다. 그러므로 문장들이 암기가 되면 이 문장을 자투리 시간을 이용해서 연습할 것을 권한다. 자투리 시간을 활용하지 못하는 학습은 오래가지 못해 포기하게 될 것이다.

예를 들면 I need to fix my car as soon as possible.이라는 문장을 암기하고 나서 습관을 들이기 위해 30번 연습하려면 약 3~4분 정도 걸릴 것이다. 50개 문장을 30번씩 하려면 3분×50문장 = 150분이 소요된다. 이것은 2시간 30분이라는 시간이다. 책상에 앉아 2시간 30분이란 시간을 매일같이 영어 공부를 위해서 투자할 수 있는 사람이 몇이나 되겠는가? 그렇기 때문에 자투리 시간을 이용해서 연습해야 한다는 것이다.

회사 출퇴근 시간에 전철이나 버스 혹은 운전을 하면서 중얼거리는 것이다. 위의 예에서 말한 문장의 발음을 연습할 때 fix, my car, possible 등의 발음은 의식적으로 입술 모양에 신경을 써야 한다. 출퇴근을 하며 먼 산을 바라보는 자투리 시간에 50개 문장을 집중해서 연습해 보자.

분명히 하루에 50번 이상은 3분짜리 자투리 시간이 있을 것이다. 처음에는 좀 쑥스럽겠지만 나중에 입이 트여 영어가 줄줄 나오는 지경에 이르면 신이 나서 아무 데서든 영어 공부가 하고 싶어질 것이다. '저 친구, 미쳤어'라는 말을 듣지 않으면 제대로 영어 공부를 한 것이 아니다. 나는 이것을 30일 동안 하라고 말했다. 아침, 저녁으로 50개 문장을 암기하고 자투리 시간에 30번씩 반복하면 한 달이면 한 문장을 1,000번 소리내어 말한 것이 된다. 자기가 말한 것이긴 하지만 우리 귀는 신물이 나도록 그 이야기를 듣게 된다. 즉, 그 50개 문장에 대해서 귀와 혀가 훈련이 되고 또 습관이 되는 것이다. (시간 때문에 못하는 경우에는 아침, 저녁으로 최소한 3번이라도 하도록 한다.)

이렇게 영어 공부를 한다고 해서 처음부터 CNN이나 AFKN이 들리는 것은 아니다. 모르는 것은 수백 번을 들어도 잘 들리지 않을 수 있다. 우선 알고 있는 문장들을 반복해서 듣고 말함으로써 영어의 기초를 확실하게 만드는 것이 중요하다. 기초가 튼튼해지면 CNN이나 AFKN 방송이 조금씩 들리기 시작한다. 꾸준히 시사 용어와 영어 숙어를 보강해 나가다 보면 비로소 CNN이나 AFKN에서 나오는 영어가 들리게 될 것이다.

✳ 2-3. 기초 응용 문장

50개 문장을 반복해서 3~30번, 8개의 발음에 유의해서 연습해 보면 영어를 하는 기분이 들기 시작할 것이다. 어느 정도 이 문장들의 발음이 익숙해지면 몇 가지 응용 문장을 만드는 방법을 통해서 기본 50문장 이외의 다른 문장을 만들어 가도록 하자. 자신이 확실하게 알고 있는 문장을 응용해서 사용 문장을 확장하는 것은 원어민 아이들이 영어를 배울 때 사용하는 방법이기도 하다.

1) 가장 기초적인 응용 문장은 암기된 기본 50문장에 단어를 바꾸어 넣음으로써 다른 문장을 만드는 것이다. 예를 들면 I need to fix my car as soon as possible. 을 보면서 명사인 car 대신에 computer를 바꾸어 넣으면 I need to fix my computer as soon as possible.이라는 다른 문장이 된다. 가능하면 처음에는 문장 속에서 명사를 바꾸는 연습을 계속해 본다.

2) 그 다음 단계는 우리가 습관화시키고 있는 기본 50문장의 주어, 동사, 목적어, 보어 등을 바꾸어 보는 것이다. 기본 문장을 바꿀 때는 언어를 통해서도 좋고 쓰기나 타이핑을 해서 파일로 만들어도 좋다. 여러분이 영어의 초보적인 위치에 있을 때는 평소에 연습한 문장들이 실제 상황에서는 잘 나오지 않는다는 것을 기억하기 바란다.

다시 I need to fix my car as soon as possible.의 예를 통해서 살펴보겠다.

She needs to fix my car as soon as possible. (주어 : I → She)

I needed to fix my car yesterday. (동사 : need → needed)

I need to paint my car as soon as possible. (to부정사 : fix → paint)

I need to fix my girlfriend's car as soon as possible. (to fix의 목적

어 : my car → my girlfriend's car)

I need to fix my car at any cost. (as soon as possible → at any

cost)

이런 기초적인 응용은 기본 50문장을 암기하고 영문법의 기초와 단어

실력만 있으면 얼마든지 가능하다.

✳ 2-4. 기본 50문장의 통역 연습

영어 문장이 암기된 상태라면 연습은 쉽다. 그러나 영어 못잖게 중요한 것이 영어 문장을 한국어로 바르게 번역하는 것이다. 앞에서 지적한 바 있지만 여기서 다시 한 번 강조하고자 한다. 영어 문장이 암기가 되었으니 이제는 영어 문장을 연습하면서 한국어 패턴을 외워 본다. 즉, 00번은 (Once 주어＋동사 : 일단 주어가 동사하면)이라고 되어 있는데, 이것은 once는 '일단 ～하면' 이라는 패턴이라는 뜻이다. 따라서 반복 연습할 때 그 부분도 연습하라는 것이다. 문장을 암기하는 것도 중요하지만 한국어로 어떤 말이 영어에서는 어떤 패턴으로 나오는가를 아는 것도 매우 중요하다.

독자는 적어도 하루에 한 번은 아래에 나오는 대로 영어 문장을 암기하고 통역해 본 뒤에 **pattern** 이라고 표시된 부분의 내용을 자기 스스로 말해 봄으로써 다음의 내용을 확인해 보도록 한다. 나중에 파트너와 순발력을 기르기 위해서 하는 통역 연습에 큰 도움이 될 것이다.

00 _ 일단 저 동물들을 보면 네 기분이 나아질 거야.

Once you see all those animals, you should feel better.

pattern Once 주어＋동사 : 일단 주어가 동사하면

---

01 _ 가능한 한 빨리 내 차를 고쳐야 해.

I need to fix my car as soon as possible.

> **pattern** I need to＋동사원형 : 나는 동사원형하는 것이 필요하다

---

02 _ 내일 하루 종일 눈이 왔으면 좋겠어.

I hope it snows all day long tomorrow.

> **pattern** I hope 주어＋동사 : 나는 주어가 동사하는 것을 원한다

---

03 _ 뭐 좀 가져다 드릴까요?

Can I get you anything?

> **pattern** Can I 동사 : 내가 동사할까요?

---

04 _ 너 오늘 사과를 몇 개나 먹었니?

How many apples did you eat today?

> **pattern** How many 명사＋주어＋동사 : 얼마나 많은 명사를 주어가 동사했는가?

---

05 _ 가능하다면 다이어트 콜라로 먹겠습니다.

If it is possible, I'd like to have a Diet Coke.

> **pattern** If it is possible, I'd like to 동사원형 : 가능하다면 나는 동사원형하겠다

06 _ 도대체 이것은 누구 핸드폰입니까?

Whose cellular phone is this anyway?

> pattern Whose 명사+be동사 : 누구의 명사인가?

---

07 _ 리처드, 그 위에서 뭐 하세요?

Richard, what are you doing up there?

> pattern What are you 동사원형+ing : 당신은 무엇을 동사원형하고 있는가?

---

08 _ 저 사람이 누구지? 솔직히 말해, 나는 그를 그다지 좋아하지 않아요.

Who is that? To tell the truth, I don't like him that much.

> pattern To tell the truth, 주어+동사 : 사실을 말하자면, 주어가 동사한다

---

09 _ 사람은 약속을 지켜야 해. 그렇지 않으면 아무도 그 사람을 믿지 않을 거야.

One should keep one's promise; otherwise no one will trust him or her.

> pattern 조건절, otherwise 주어+동사 : 조건절하다, 만일 그렇지 않으면 주어가 동사한다

---

10 _ 테니스 경기로 말하자면, 이것은 존의 그 시즌 마지막 경기입니다.

Speaking of the tennis match, this is John's last one of the season.

pattern Speaking of 명사, 주어＋동사 : 명사로 말하자면, 주어가 동사한다

---

11 _ 이것을 어떻게 요리하는지 알고 있니?

Do you know how to cook this?

pattern Do you know how to 동사원형＋목적어 : 당신은 목적어를 동사원형할 줄

아는가?

---

12 _ 배가 아프네.

I feel sick to my stomach.

pattern I feel 형용사 : 나는 형용사라고 느낀다

---

13 _ 테니스 경기를 하고 싶으면 사양하지 말고 언제든 내게 전화해요.

Feel free to call me, whenever you want to play tennis.

pattern Feel free to 동사원형 : 사양하지 말고 동사원형하라

---

14 _ 저에게는 누나가 두 명 있는데 모두 아파요. 설상가상으로 그들은 이번 주
에 학기말 시험을 쳐야 합니다.

I have two sisters, and both of them are sick. To make matters worse, they have to take their final exams this week.

pattern I have 명사 : 나는 명사를 가지고 있다

---

15 _ 너는 오늘 왜 노란 유니폼을 입지 않았니?

How come you are not wearing a yellow uniform today?

pattern How come 주어+동사 : 주어는 왜 동사하는가?

---

16 _ 나는 10시 30분까지 결정을 내려야 해.

I have to make a decision by 10:30.

pattern I have to 동사원형 : 나는 동사원형해야 한다

---

17 _ 얼마나 자주 테니스를 칩니까?

How often do you play tennis?

pattern How often do 주어+동사 : 주어는 얼마나 자주 동사하는가?

---

18 _ 제가 거기에 대해 조언을 좀 해도 될까요?

Do you mind if I give you some advice on that?

It is a very important tip on how to use the court.

그것은 테니스 코트를 사용하는 데 매우 중요한 정보가 될 겁니다.

> **pattern** Do you mind if 주어＋동사 : 당신은 주어가 동사하는 것을 꺼려하는가?

---

19 _ 당신이 저보다 훨씬 잘하시는군요.

You are much better than me.

> **pattern** You are much 비교급 than : 당신은 than 이하보다 훨씬 비교급하다

---

20 _ 이것이 내가 너희들과 함께 참석하는 마지막 여름 캠프라니 믿어지지가 않
는다.

**I can't believe this is the last summer camp that I am
attending with you guys.**

> **pattern** I can't believe 주어＋동사 : 나는 주어가 동사인 것을 도저히 믿지 못하겠다

---

21 _ 식탁 위에 음식이 좀 있어요. 마음껏 들되, 개에게는 먹이지 마세요. 음식
비용을 절감하려고 합니다.

**There's some food on the table. Help yourself, but
please don't feed the dog. We are trying to cut down
the food cost.**

pattern There is 명사 : 명사가 있다

---

22 _ 이 근처에 약국이 있나요?

Is there a drugstore around here?

pattern Is there 명사 : 명사가 있는가?

---

23 _ 거기에 갈 수 없다는 말은 말아 줘.

Don't tell me you can't go there.

pattern Don't tell me 주어+동사 : 설마 주어가 동사한다는 말은 아니겠지

---

24 _ 당장 의사를 부르는 게 좋겠어.

You should call the doctor right away.

pattern You should 동사 : 당신은 동사하는 편이 좋겠다

---

25 _ 배터리 좀 더 가져다 줄래요?

Would you bring more batteries for me?

pattern Would you 동사원형 : 동사원형을 좀 해 줄래요?

26 _ 어디 가면 그런 배터리를 찾을 수 있는지 알려 주시겠습니까? 사방을 다 뒤져 봤는데 찾지 못했어요. 어디에 두셨어요?

May I ask you where I can find those batteries? I looked around everywhere but I couldn't find them. Where did you put them?

> pattern May I 동사원형 : 제가 동사원형해도 될까요?

---

27 _ 그 밑에 무슨 일이에요?

What is going on down there?

> pattern What is 동원원형+ing : 무슨 동사원형이 진행되고 있는가?

---

28 _ 그 배를 조종하는 데 매우 힘이 들었어요.

I had a hard time controlling the boat.

> pattern I had a hard time 동사원형+ing : 나는 동사원형하는 데 힘들었다.

---

29 _ 한 번만 용서해 주십시오. 다시는 그런 일이 없도록 하겠습니다.

Please forgive me this time. I will make sure it won't happen again.

> pattern Please forgive ~. I will make sure it won't ~ : 제발 용서해 주세요. 다시는 won't 이하 하지 않을게요

30 _ 오늘같이 더운 날엔, 찬 음료수를 위해서라면 뭐든지 하겠어.

On a day like this, I would do anything for a cold drink.

pattern On a day like this : 이런 날씨에는

---

31 _ 뭘 보고 있니?

What are you looking at?

pattern What+be동사+주어+동사원형+ing : 주어가 무엇을 동사원형하고 있는가?

---

32 _ 뉴욕으로 이사한다고 들었는데, 그게 사실이니?

I heard you are moving to New York. Is that right?

pattern I heard 주어+동사+현재분사 : 듣자 하니 주어가 동사한다고 한다

---

33 _ 이것이 네가 찾고 있던 반지니?

Is this the ring you were looking for?

pattern Is this 명사+주어+동사 : 이 명사가 주어가 동사하던 것인가?

---

34 _ 너 그것 얼마 주고 샀니?

How much did you pay for that?

pattern How much do 주어+동사 : 주어는 얼마나 동사하는가?

35 _ 이 문을 어떻게 여니?

How do you open this door?

> **pattern** How do you 동사원형 : 당신은 동사원형을 어떻게 하는가?

---

36 _ 난 이런 것은 딱 질색이야. 이런 일은 정말 나를 화나게 만든다구.

I hate this. This kind of thing makes me really angry.

> **pattern** I hate 명사 : 나는 명사를 싫어한다

---

37 _ 여러 가지로 폐를 끼쳐서 정말 죄송하지만, 세상일이란 게 다 그렇지요. 사든지 말든지 하세요.

We are very sorry for all the trouble we've caused you, but that's the way it is around here. Take it or leave it.

> **pattern** We are very sorry for 명사 : 우리는 명사에 대해 정말 미안하다

---

38 _ 실례합니다. 그것을 고치는 데 얼마나 걸릴까요?

Excuse me. How long will it take to fix it?

> **pattern** How long 동사+주어 : 주어가 동사하는 데 얼마나 하는가?

---

39 _ 어휴, 엉망이네. 여기 무슨 일이에요?

Oh my gosh! What a mess! What happened here?

`pattern` What a 명사 : 얼마나 놀라운 ^{명사}인가?

---

40 – 존은 이집트로 떠나기 전에 폴의 사무실을 방문하기로 약속했습니다.
John promised to visit Paul's office before he leaves for Egypt.

`pattern` 주어 promise to 동사원형 : ^{주어}는 ^{동사원형}하기로 약속하다

---

41 – 그녀가 들어오면 내게 알려 줘.
Let me know when she comes in.

`pattern` Let me 동사원형 : 나로 하여금 ^{동사원형}하게 하라

---

42 – 그녀에게 전화해서 내가 9시쯤 들를 거라고 말해 줘.
Why don't you give her a call and remind her that I'll stop by around 9.

`pattern` Why don't you 동사원형 : 당신은 ^{동사원형}하지 그래요?

---

43 – 이 진주 목걸이가 그녀를 행복하게 해 줄까 몰라.
I wonder if this pearl necklace will make her happy.

pattern I wonder if 주어＋동사 : 나는 주어가 동사할까 궁금해

---

44 _ 그 뉴스에 놀라셨나요?

Are you surprised at the news?

pattern Are you 형용사 : 당신은 형용사했나요?

---

45 _ 제가 그것을 확인해 드릴까요?

Do you want me to verify that for you?

pattern Do you want me to 동사원형 : 당신은 내가 동사원형하는 것을 원하는가?

---

46 _ 아침까지만 해도 여기 책상 위에 있었는데 지금은 없어졌네.

It was here on the table this morning but it's gone now.

pattern It was A but B : A였는데 지금은 B이다

---

47 _ 그가 방송인이 되기 전에 그 시험에 두 번이나 떨어진 것이 분명해요.

It's obvious he failed the exam twice before he became a broadcaster.

pattern It's obvious 주어＋동사 : 주어가 동사한 것이 분명하다

48 _ 그가 그 시험에 떨어진 것은 단지 그가 공부를 열심히 하지 않았기 때문이에요.

The reason why he failed the exam was he simply didn't study hard enough.

pattern The reason why 주어+동사 : 주어가 동사한 이유는 ~

---

49 _ 열심히 공부한다면, 그는 그 시험에 합격할 겁니다. 그건 확실해요.

If he studies hard, he will pass the exam. That's for sure.

pattern If 주어+동사, 주절 : 주어가 만일 동사한다면 주절이다

이 모든 과정이 끝나면 다음에는 이 문장들에 대한 순발력을 길러야 한다.

✳ 2-5. 순발력 기르기

영어 문장을 50개 정도 책을 안 보고 할 수 있다면 이제 그것을 중심으로 순발력을 기르는 것이 필요하다. 빨리 알아듣고 빨리 바른 대답을 할 수 있어야 한다. 듣기와 말하기의 순발력이라는 것은 영어를 듣고 그때그때 이해하고 영어로 하고자 하는 말을 제때 표현하는 것을 의미한다.

그런데 문제는 우리가 비영어권의 환경 속에 있다는 것이다. 영어 공부를 할 때는 영어로 말하고 듣지만, 공부가 끝나고 돌아서면 바로 한국어를 듣고 말할 수밖에 없다. 그래서 영어 공부를 효과적으로 하려면 자신을 강제로라도 영어를 하게 만들어야 한다. 그래야 영어가 습관이 될 수 있다. 아마도 미국 아이들이 열 살이 될 때까지 10,000시간 동안 영어를 듣고 말했다면, 우리는 스무 살이 될 때까지 영어로 말하거나 들은 시간이 채 1,000시간도 안 될 것이다. 영어로 듣고 말하는 환경, 즉 영어권 환경이 아닌 곳에 있는 독자들의 영어 공부는 다름 아닌 자기와의 싸움이다.

주변에 의지가 강한 사람들이 영어를 잘하는 것을 본 적이 있는가? 왜 그런지 아는가? 영어는 자신과의 싸움이기 때문이다. 특히 끈기와 인내를 요구한다. 하루 이틀 열심히 해서 되는 그런 과목이 아니라 꾸준히 오랫동안 반복적인 연습을 통해서 습관을 만들어야 하기 때문이다. 또 영어를 성공적으로 하려면 반드시 파트너와 함께 연습해야 한다.

어린아이들의 경우가 아닌 이상, 영어의 기초를 공부하는 사람들은 처음에는 미국인 선생의 도움을 받을 필요가 없다. 처음에는 한국인 파트너만 있어도 된다. 같이 격려해 가며 공부할 수 있는 그런 파트너를 구하라.

순발력은 이제까지 공부한 기본 50문장을 영어로 듣고 한국어로 통역하거나 또 한국어를 듣고 영어로 즉시 통역하는 연습을 반복적으로 함으로써 생긴다. 한 사람이 영어로 기본 50문장을 말한다. 그러면 파트너는 그 영어를 듣고 즉시 한국어로 통역한다. 처음에는 기본 50문장을 순서대로 하지만, 좀 익숙해지면 무작위로 말하고 통역한다. 그 연습이 끝나면 이번에는 한국어로 말한 다음 그것을 듣고 즉시 영어로 통역한다. 한 사람의 연습이 끝나면 이번에는 역할을 바꿔서 한다. 이 통역 연습을 할 때는 한 사람이 한국 사람이라면 파트너는 미국 사람이라고 생각하고 연습하도록 한다.

파트너가 서로에게 관심을 끌 수 있는 이성 파트너라면 효과는 만점이다. 평생 파트너하자고 하면 여성 파트너가 싫어할지도 모르니 우선 3개월 단위로 먼저 계약을 하고 시작하는 것도 좋다. 앞으로 100개 혹은 200개 문장에 대해 3개월 동안 파트너가 되어 함께 공부한다는 그런 식의 약속이 되지 않을까 싶다. 그 이후에 영어 공부가 효과적으로 되면 연장할 수도 있다.

순발력을 기르기 위해서 파트너와 연습한다는 것은 생각만큼 그리 쉬운 일은 아니다. 특히 가정의 일이며, 학교, 직장 문제 및 바쁜 사회 활동을 하다 보면 영어 파트너를 만나는 일이 쉽지만은 않다. 뿐만 아니라 파트너를 만나기만 해서는 공부가 되지 않는다. 만나기 전에 서로가 약속해서 일정한 분량의 학습을 준비해야 함께 연습하는 것이 의미가 있을 것이다.

그러므로 다음과 같은 사항을 염두에 두고 각자의 상황에 맞게 프로그램을 짜서 연습하는 것이 무엇보다 필요할 것이다.

1) 통역과 학습 범위를 확실하게 정한다. 기본 50문장이면 그 안에서만 영어를 하도록 미리 정한다. 이미 기본 50문장을 암기한 상태이므로, 학습의 범위를 정하면 파트너의 실력과 비슷해서 부담이 적어진다.

2) 처음 30일 동안은 기본 50문장으로만 연습한다.

3) 파트너를 만나기 전에는 혼자서 테이프를 들으면서 통역 연습을 한다. 이 책의 부록인 카세트테이프에는 통역 연습을 위해서 영어 문장 사이에 약 3초 간의 시간 간격을 두고 있다. 그 사이를 이용해서 통역을 해 본다.

4) 파트너와 만나서 하는 연습 시간은 30분 전후가 좋다.

5) 다음 30일 동안은 기본 50문장에 따라오는 회화 50문장을 포함시켜 통역 연습을 한다. (회화 문장은 다음 장에 나온다.)

6) 회화 문장이 포함되는 2개월째에는 영어와 한국어 통역뿐 아니라 영어로 회화 연습을 한다. 두 사람이 A와 B가 되어 책에 나오는 50개의 회화를 통역하거나 혹은 영어로만 대화를 나누도록 한다.

A : Once you see all those animals, you should feel better.

B : Do you really think so?

A : What's the matter with you?

B : My car broke down over there this afternoon. I need to fix my car as soon as possible.

7) 3개월째에는 단어를 바꾸어 다른 문장을 만드는 응용 문장까지 포함하여 통역 연습과 영어 회화 문장 연습을 한다.

8) 만일 파트너를 만나서 통역 연습을 못한다면 전화로 통역과 회화 연습을 한다.

9) 한국인 파트너와 통역 연습, 대화 연습이 어느 정도 되면 외국인과 대화를 시도해 보기 바란다. 한국인 파트너와 이 정도의 연습이 되어 있지 않은 상태라면 외

국인과의 회화는 시간 낭비가 될 것이다.

10) 만일 파트너가 멀리 있거나 사정이 생겨서 만나지 못할 경우에는 전화로 연습한 다. 학습자의 언어 능력에 따라 위의 기간은 30일에서 15일이나 45로 변경될 수 있을 것이다.

11) 기본적인 응용 문장으로 만족할 수 없는 사람들이 있을 것이다. 이런 사람들은 실력이 느는 만큼 기본 50문장을 떠나 단어들을 조금씩 바꾸어 다른 문장을 만 들어 본다. 예를 들면 다음과 같다.

Feel free to call me whenever you want to play tennis.

→ Feel free to call me if you need anything.

→ Feel free to call me if you have any questions on that.

→ Feel free to call me if you get lost.

즉, 문장의 패턴은 그대로 유지하면서 조금씩 변형시켜 본다. 간단하게 문장을 바꾸어 세 문장을 만들었다면 약 150개의 문장을 말할 수 있게 될 것이다. 좀 더 진전된 응용 문장을 원하는 사람들을 위해서 이 책에서는 이미 각 문장과 연 관되는 응용 문장들을 다음 장에 만들어 놓았다. 그 문장들을 사용하면 좋을 것 이다.

이런 훈련을 약 3개월 정도만 해도 적어도 기본 50문장과 회화 50문장 에 대해서는 순발력이 생겨 혀가 가벼워짐을 느끼고 전에는 들리지 않던 문장들이 들리게 될 것이다.

✳ 2-6. 기본 50문장을 사용한 회화 50문장

이 단계에서는 기본 50문장에 대응되는 회화 50문장을 익히도록 한다. 이 문장들은 거의 질문과 대답 형식으로 이루어져 있기 때문에 기본 50 문장만 잘 알고 있으면 거기에 수반되는 회화 50문장을 쉽게 익힐 수 있 다. 회화 문장을 하나의 문장으로 따로 생각해서 공부하지 말고 기본 문 장의 암기 이야기의 연장선 상에서 학습하도록 한다.

00 _

Once you see all those animals, you should feel better.

Do you really think so?

일단 저 동물들을 보면 네 기분이 나아질 거야.

정말 그렇게 생각해?

01 _

What's the matter with you? What's bothering you now?

I need to fix my car as soon as possible.

무엇이 문제니? 뭐가 그리 걱정되니?

가능한 한 빨리 내 차를 고쳐야 해.

02 _

Look over there. It looks like we are going to have a storm or something.

I hope it snows all day long tomorrow.

저기 좀 봐. 뭔가 폭풍우 같은 것이 몰아칠 모양이야.

내일 하루 종일 눈이 왔으면 좋겠어.

03 _

Can I get you anything?

Yes, please. Could you bring that ladder over here?

뭐 좀 가져다 드릴까요?

네, 저 사다리 좀 이리로 가져다 줄래요?

04 _

How many apples did you eat today?

I think I had two this morning.

너 오늘 사과를 몇 개나 먹었니?

오늘 아침에 두 개 먹은 것 같아요.

05 _

What would you like to drink?

If it is possible, I'd like to have a Diet Coke.

무엇을 마시겠어요?

가능하다면 다이어트 콜라로 먹겠습니다.

06 _

Whose cellular phone is this anyway?

That is Tom's. I think he bought that last week.

도대체 이것은 누구 핸드폰입니까?

그것은 톰의 것인데요. 그가 지난 주에 그것을 산 것으로 아는데.

07 _

Richard, what are you doing up there?

Believe it or not, I am conducting my research now.

리처드, 그 위에서 뭐 하세요?

믿든지 말든지, 난 지금 연구 중입니다.

08 _

Who is that? To tell the truth, I don't like him that much.

Me neither. But I think we should give him credit for today's prosperity.

저 사람이 누구지? 솔직히 말해, 나는 그를 그다지 좋아하지 않아요.

나도 마찬가지야. 그러나 오늘날의 번영에 대한 그의 공로는 인정해야 한다고 생각해.

09 _

One should keep one's promise; otherwise no one will trust him or her.

You can say that again.

사람은 약속을 지켜야 해. 그렇지 않으면 아무도 그 사람을 믿지 않을 거야.

지당한 말씀이에요.

10 _

Speaking of the tennis match, this is John's last one of the season.

In that case, I will ask you some questions about this game when I get to my office. What is your number again?

테니스 경기로 말하자면, 이것은 존의 그 시즌 마지막 경기입니다.

그런 경우라면, 제가 사무실에 들어가면 몇 가지 물어보고 싶은 게 있는데요. 전화 번호가 어떻게 되었지요?

11 _

Do you know how to cook this?

I used to know the recipe but I forgot.

이것을 어떻게 요리하는지 알고 있니?

전에 조리법을 알았는데 지금은 잊어버렸어요.

12 _

I feel sick to my stomach.

Take an aspirin.

— What makes you think that will work for my stomachache?

배가 아프네.

아스피린을 먹어 봐요.

— 무슨 근거로 그것이 내 배탈에 들을 거라고 생각하니?

13 _

Feel free to call me, whenever you want to play tennis.

No thanks. I am too busy for that.

테니스 경기를 하고 싶으면 사양하지 말고 언제든 내게 전화해요.

아니오. 감사합니다만 실은 너무 바쁩니다.

14 _

I have two sisters, and both of them are sick. To make matters worse, they have to take their final exams this week.

Oh, that's terrible. Are they all right now?

저에게는 누나가 두 명 있는데 모두 아파요. 설상가상으로 그들은 이번 주에 학기말 시험을 쳐야 합니다.

저런, 참 안됐네. 그들이 지금은 괜찮니?

15 _

How come you are not wearing a yellow uniform today?

Sorry. I didn't have any time to change this morning.

너는 오늘 왜 노란 유니폼을 입지 않았니?

죄송해요. 오늘 아침에는 정말 옷을 갈아입을 시간이 없었어요.

16 _

I have to make a decision by 10:30.

What's the hurry? Take your time.

나는 10시 30분까지 결정을 내려야 해.

뭐가 그리 급해? 천천히 하라구.

17 _

How often do you play tennis?

Twice a week. That is, if I am not busy and I can get an empty court.

얼마나 자주 테니스를 칩니까?

일주일에 두 번. 그것도 바쁘지 않고 빈 테니스장을 얻을 수 있을 경우지요.

18 _

Do you mind if I give you some advice on that? It is a very important tip on how to use the court.

No, not at all. It sounds like you know what you are talking about.

제가 거기에 대해 조언을 좀 해도 될까요? 그것은 테니스 코트를 사용하는 데 매우 중요한 정보가 될 겁니다.

그렇게 하세요. 말씀하시는 것에 대해 뭔가 잘 알고 계시는 것같이 들리는군요.

19 _

You are much better than me.

No. Don't be modest. Everyone knows that you are the best player around here.

당신이 저보다 훨씬 잘하시는군요.

아니에요. 겸손해하지 마세요. 당신이 이 지역에서는 가장 훌륭한 선수라는 것을 누구나 아는걸요.

20 _

I can't believe this is the last summer camp that I am attending with you guys.

Time flies, doesn't it?

이것이 내가 너희들과 함께 참석하는 마지막 여름 캠프라니 믿어지지가 않는다.

시간은 참 빨라, 그렇지?

21 _

There's some food on the table. Help yourself, but please don't feed the dog. We are trying to cut down the food cost.

Don't worry about that. I will be busy to take care of my body first.

식탁 위에 음식이 좀 있어요. 마음껏 들되, 개에게는 먹이지 마세요. 음식 비용을 절감하려고 합니다.

걱정하지 마세요. 내 몸부터 챙기느라고 바쁠 겁니다.

22 _

Is there a drugstore around here?

Yes, there is one at the village center.

— Could you show me how to get there?

이 근처에 약국이 있나요?

네, 마을 중심에 한 군데 있어요.

— 그곳에 어떻게 가는지 좀 알려 주시겠습니까?

23 _

Don't tell me you can't go there.

I have a sharp pain in my leg. I don't think I can make it. My leg is killing me.

거기에 갈 수 없다는 말은 말아 줘.

다리에 심한 통증이 있어. 난 못 갈 것 같아. 다리가 아파 죽겠어.

24 _

You should call the doctor right away.

Do you happen to remember the doctor's number off the top of your head?

당장 의사를 부르는 게 좋겠어.

혹시 의사의 전화번호를 기억하고 계세요?

25 _

Would you bring more batteries for me?

Sure, what size batteries do you need?

배터리 좀 더 가져다 줄래요?

어떤 크기의 배터리가 필요하세요?

26 _

May I ask you where I can find those batteries? I looked around everywhere but I couldn't find them. Where did you put them?

Did you look in the top drawer of my desk?

어디 가면 그런 배터리를 찾을 수 있는지 알려 주시겠습니까? 사방을 다 뒤져 봤는데 찾지 못했어요. 어디에 두셨어요?

내 책상 맨 윗서랍을 보았어요?

27 _

What is going on down there?

Sorry, I accidentally pushed the wrong button.

— It sounds like you did something very wrong.

그 밑에 무슨 일이에요?

죄송합니다. 실수로 단추를 잘못 눌렀어요.

— 내가 듣기에 뭔가 크게 잘못한 것 같네요.

28 _

I had a hard time controlling the boat.

Take it easy. Calm down a bit. Remember, easy does it.
It takes a lot of hard work to get used to it.

그 배를 조종하는 데 매우 힘이 들었어요.

침착해요. 좀 진정하세요. 천천히 하는 것 잊지 마세요.

익숙해질 때까지는 노력이 필요합니다.

29 _

Please forgive me this time. I will make sure it won't
happen again.

Don't worry about it. Everyone makes mistakes. As long as
you don't make the same mistake, it's okay with me. Any
one can make mistakes, but only an idiot persists in his
error.

한 번만 용서해 주십시오. 다시는 그런 일이 없도록 하겠습니다.

걱정하지 마세요. 누구나 실수는 합니다. 같은 실수를 반복하지만 않으면 나에겐
별 문제 없어요. 누구나 실수를 저지르지만, 바보만이 실수를 반복하지요.

30 _

On a day like this, I would do anything for a cold drink.

I will drink to that.

오늘같이 더운 날엔, 찬 음료수를 위해서라면 뭐든지 하겠어.

나도 동감이에요.

31 _

What are you looking at?

It looks like it's going to rain any minute.

— That's what I was thinking. The only problem with that is I don't have an umbrella with me now.

뭘 보고 있니?

비가 금방이라도 내릴 것 같은데요.

— 나도 그럴 거라고 생각하고 있었어. 그런데 한 가지 문제는 지금 내가 우산을 갖고 있지 않다는 거야.

32 _

I heard you are moving to New York. Is that right?

Yes, we decided to move to New York next month.

뉴욕으로 이사한다고 들었는데, 그게 사실이니?

그래요. 다음 달에 뉴욕으로 이사하기로 했어요.

33 _

Is this the ring you were looking for?

That's right. Where did you find that anyway?

이것이 네가 찾고 있던 반지니?

맞아요. 그런데 어디서 그걸 찾았어요?

34 _

How much did you pay for that?

I think it was around $ 200, but I am not sure because I got this as a Christmas present from my uncle.

너 그것 얼마 주고 샀니?

아마 2백 달러 정도라고 생각해요. 그러나 확실한 것은 아니에요. 왜냐하면 이것은 삼촌이 준 크리스마스 선물이거든요.

35 _

How do you open this door?

It's kind of tricky. You have to lift here and push forward like this. But you are not supposed to open it.

이 문을 어떻게 여니?

이게 좀 애매해요. 여기를 이렇게 들어서 앞으로 밀어야 해요. 그러나 그것을 열어서는 안 돼요.

36 _

I hate this. This kind of thing makes me really angry.

Who wouldn't be? I don't blame you at all. I guess the next best thing is to get the refund from the company.

난 이런 것은 딱 질색이야. 이런 일은 정말 나를 화나게 만든다구.

누군들 안 그러겠어요. 당신을 탓하는 것은 전혀 아니에요. 차선책은 그 회사로부터 환불받는 것이라고 생각해요.

37 _

We are very sorry for all the trouble we've caused you, but that's the way it is around here. Take it or leave it.

Hey I didn't say anything. Why do you say that?

여러 가지로 폐를 끼쳐서 정말 죄송하지만, 세상일이란 게 다 그렇지요. 사든지 말든지 하세요.

제가 뭐라고 했나요. 왜 그런 말씀을 하세요?

38 _

Excuse me. How long will it take to fix it?

It won't take that long. At most ten minutes. You can wait if you want.

실례합니다. 그것을 고치는 데 시간이 얼마나 걸릴까요?

그리 오래 걸리지 않을 겁니다. 기껏해야 10분 정도. 원한다면 기다리세요.

39 _

Oh my gosh! What a mess! What happened here?

Well, It looks like the problem went from bad to worse. I don't know what to say.

어휴, 엉망이네. 여기 무슨 일이에요?

흠, 문제가 점점 악화되었군요. 뭐라고 드릴 말씀이 없습니다.

40 _

John promised to visit Paul's office before he leaves for Egypt.

Oh, boy. It wasn't easy getting here but I am really glad I could keep my promise to you.

존은 이집트로 떠나기 전에 폴의 사무실을 방문하기로 약속했습니다.

어휴, 여기를 찾아온다는 게 그리 쉽지는 않았지만 약속을 지킬 수 있어서 정말 기뻐요.

41 _

Let me know when she comes in.

I think she just called in sick. Wait a minute. Let me check on that. Yeah, she couldn't make it today

그녀가 들어오면 내게 알려 줘.

그분은 지금 출근 못한다고 하는 것 같던대. 잠시만요. 제가 확인해 볼게요.

맞아요. 그녀는 오늘 결근했어요.

42 _

Why don't you give her a call and remind her that I'll stop by around 9.

No problem. Anything else?

그녀에게 전화해서 내가 9시쯤 들를 거라고 말해 줘.

알겠습니다. 또 다른 것은 없나요?

43 _

I wonder if this pearl necklace will make her happy.

You never know until you try. Where there is a will, there is a way.

이 진주 목걸이가 그녀를 행복하게 해 줄까 몰라.

실제로 해 보지 않고는 모르지요. 뜻이 있는 곳에 길이 있어요.

44 _

Are you surprised at the news?

As a matter of fact, I could not believe it when I heard it the first time.

그 뉴스에 놀라셨나요?

사실은 그 뉴스를 처음 들었을 땐 믿을 수가 없었네.

45 _

Do you want me to verify that for you?

Will you? It's very kind of you to do that. But then again, you don't have to if you don't want to.

제가 그것을 확인해 드릴까요?

그래 주겠나? 그렇게 해 주면 고맙겠네. 그러나 다시 말하지만 원하지 않으면 안 해도 상관없어요.

46 _

It was here on the table this morning but it's gone now.

That's very strange. Has anyone seen Steve's car keys this morning?

아침까지만 해도 여기 책상 위에 있었는데 지금은 없어졌네.

그거 참 이상하네. 누구 오늘 아침에 스티브의 차 열쇠 본 사람 있어요?

47 _

It's obvious he failed the exam twice before he became a broadcaster.

How did you figure it out? Did anyone tell you about that?

— I am not going to tell you. That's a secret.

그가 방송인이 되기 전에 그 시험에 두 번이나 떨어진 것이 분명해요.

어떻게 그것을 알았지요? 누가 그것에 대해서 말하던가요?

— 말하지 않을 겁니다. 그건 비밀이에요.

48 _

The reason why he failed the exam was he simply didn't study hard enough.

As far as I know, he was too busy to prepare for the exam.

그가 그 시험에 떨어진 것은 단지 그가 공부를 열심히 하지 않았기 때문이에요.

내가 아는 한, 그는 너무 바빠서 시험 준비를 할 수 없었거든요.

49 _

If he studies hard, he will pass the exam. That's for sure.

I guess you're right about that. No pain, no gain, I suppose.

열심히만 공부한다면, 그는 그 시험에 합격할 겁니다. 그건 확실해요.

그 점에 관한 한 당신 말이 맞아요. 노력하지 않으면 얻을 수 없는 법이지요.

위의 회화를 파트너와 순발력 있게 할 수 있고 또 외국인들이 무리 없이
이해할 정도로 발음이 좋아진다면 여러분은 영어에 대한 자신감을 가지
게 될 것이다. 앞에서 지적한 기본적인 응용 문장과 회화 문장에 대한 연
습을 철저히 한다면, 곧 영어에 대한 감을 익힐 수 있다.

3. 응용 단계

❋ 3-1. 영문법의 중요성

앞에서 지적한 바 있지만, 비영어권에 사는 독자들이 어떤 영어 문장들을 따라 하고 암기함으로써 가능한 영어는 제한되어 있다고 봐야 한다. 물론 영어권에서 태어난 사람들은 언어를 배울 때 영문법을 먼저 배우지 않는다. 그들에게는 영어가 1차 언어이며 영어는 태어나면서부터 오랜 시간을 걸쳐서 자연스럽게 습관이 된 것이기 때문이다. 그러나 영어가 외국어이고 비영어권에 사는 사람들은 영어 문장을 암기하고 다른 사람을 따라 하면서 배우는 데 한계가 있다. 결국 우리가 암기할 수 있는 분량과 시간적인 제한 때문에 영어권에 사는 사람들과는 같은 효과를 기대할 수 없다.

물론 영어를 암기하고 다른 사람의 말을 따라 하면서 배우는 사람들도 있다. 그렇지만 그 영어는 극히 제한적인 것에 지나지 않는다. 외국인을 만나 인사하고, 밥 먹고 영화를 본다든지 관광 안내를 하는 등, 제한적인 일상회화 이외의 의미 있는 의사 소통에는 한계가 있게 마련이다. 즉, 외국에 나가서 공부를 한다든지, 학교 생활과 전공 공부, 경제와 정치, 직업과 결혼, 사회와 문화 비즈니스 상담 등등 좀 더 의미 있는 활동을 하기 위해서는 기본적인 영문법이 정리되어 있어야 한다는 것이다.

지금까지는 암기에 의한 영어를 시범적으로 보여 주었다. 기본적인 문장을 어떻게 암기하고 얼마나 연습해야 하며 어떻게, 어떤 발음을 교정해서 기본적인 영어를 할 수 있는지를 보여 준 것이다. 그리고 그 기본이 되는 영어 문장을 변형시켜 다른 문장을 만드는 방법에 대해서도 말해 주었다. 그러나 거기에서 그친다면 우리의 영어는 초등학생 수준에 그치게 된다.

물론 그 정도의 영어도 안 되는 상태에서 CNN, AFKN을 운운하는 것만큼 우스운 일이 또 있을까 싶어, 나는 영어라는 커다란 문제를 나누어 정복함에 앞서, 우선 마음을 비우고 그 정도의 쉬운 영어부터 해결하자는 의미로 기본 50문장을 제시하였던 것이다. 지금까지 기본 50문장과 회화 50문장을 완전히 자기 것으로 만든 상태에서 단어들을 바꾸어 다른 문장을 만들어 사용할 수 있는 상태가 되었다면, 이제는 영문법에 대하여 자신의 위치를 파악하고 기본적인 영문법을 자기의 것으로 만들어야 한다. 그러나 영문법 공부도 시험을 목적으로 암기와 해답 위주로 공부한다면 아무런 발전이 없다.

영문법을 공부함에 있어서 여러분은 중학교 3학년 수준의 영문법 실력을 첫 번째 목표로 잡는 것이 좋다. 중학교 3학년 수준의 영문법이 이해가 안 된 상태에서 고등학교 문법이나 대학 문법을 생각하는 것은 비효과적일 것이기 때문이다. 내가 이 응용 단계에서 말하고자 하는 영문법 공부는 영문법 내용의 습관화를 의미한다. 앞에서 기본 50문장에 대한 습관화를 말한 바 있듯이, 이것 역시 영문법의 내용 하나하나를 숙지할 뿐 아니라 전체적인 숲을 볼 수 있을 정도가 되어야 한다. 자다가 일어나서도 영문법의 내용을 누구에게나 설명할 수 있을 정도가 되어야 한다는 말이다. 50문장을 매일 큰 소리로 암기하듯이, 다음에 나오는 영문법 항목을 암기하고 그 항목에 살을 붙여 나가면서 구체적으로 설명할 수 있어야 한다.

영문법이 그 정도로 습관화되었을 때 비로소 그 영문법이 영어 실력에 실질적인 도움이 될 것이다. 이 책에서는 영문법 자체에 대해서는 언급하지 않고 어떻게 영문법을 공부하는가에 대한 가이드만 제시한다. 그리고 앞서 암기한 기본 50문장이 어떻게 독자의 영문법 습관화에 도움을 줄 수 있는지에 대해서 소개하고자 한다.

✳ 3-2. 기본 50문장과 문법 고리

어떻게 영문법을 공부해야 진정으로 자신의 영어를 발전시킬 수 있는지 그 구체적인 방법에 대해서 생각해 보도록 하자.

영문법도 Divide and Conquer English 방식으로 한다. 우선 영문법에 나오는 모든 중요한 문법 용어에 대해서 익숙해져야 한다. 즉, 어떤 단어가 무엇을 뜻하는지 알아야 한다. 예를 들면 영문법 책에서 '부정사의 부사적 용법'에 대해 설명하고 있다고 하자. 이때 '부정사'와 '부사'는 영문법의 용어이다. 이 단어들이 무슨 뜻인지 모르면 '부정사의 부사적 용법'에 대해서 충분하게 이해할 수 없을 뿐 아니라, 대충 암기해서 시험을 봤다 하더라도 시험이 끝나면 모두 잊어버려 10년을 공부해도 영문법이 아리송하게 되는 것이다.

2부에서 나는 영문법의 중요한 사항을 약 30여 개로 짚어 본 바 있다. 그 중 처음에 나오는 16개는 다음과 같다.

1) 문장, 2) 8품사, 3) 명사, 4) 대명사, 5) 관사, 6) 형용사, 7) 부사, 8) 동사, 9) 조동사, 10) 동사의 시제, 11) 진행형, 12) 문장의 4요소, 13) 문장의 종류, 14) 문장의 5형식, 15) 구, 16) 절

영문법을 공부하기 전에 이 16개에 대해서 영문법의 용어와 기본적인 사항을 말할 수 있어야 하는데, 기본 50문장을 잘 살펴보면 여기에 적은 16개의 항목을 말할 수 있게 된다. 그것을 문법 고리라고 한다. 이 문법 고리는 문법 자체를 공부하는 것은 아니지만 문법의 용어를 순서대로 기억할 수 있도록 도와주므로 독자들로 하여금 영문법을 체계적으로 공부

하도록 유도하는 역할을 할 것이다. 기본 50문장에서 문법 고리를 연결할 수 있는 문장은 문장의 끝 번호가 1번, 4번, 7번인 문장들이다. 그래서 1, 4, 7, 11, 14, 17, 21, 24, 27, 31, 34, 37, 41, 44, 47 등의 문장을 보면 위에 나열한 16개의 문법 용어를 이해할 수 있다.

문법이라는 것 자체가 특정 언어에서 반복적으로 나타나는 규칙을 체계적으로 정리해 놓은 것이므로, 이들 문장 외의 나머지 문장에서도 물론 문법 고리들을 도출할 수 있다. 다만 기본 50문장에 우리가 공부해야 하는 기본적인 문법 사항이 농축되어 있다는 점을 강조하기 위해 편의상 정리해 본 것이다. 문법고리 라고 표시되어 있는 부분은 그 단어를 보면서 문법의 용어를 기억하라는 것이다. 아래 문장 중에 34, 37, 41번에는 문장으로부터 문법 고리가 도출되지 않는다. 이 점을 유의하기 바란다.

01 _ I need to fix my car as soon as possible.

I need to 동사원형 : 나는 동사원형하는 것이 필요하다

가능한 한 빨리 내 차를 고쳐야 해.

문법고리 문장과 8품사

04 _ How many apples did you eat today?

How many 명사＋주어＋동사 : 얼마나 많은 명사를 주어가 동사했는가?

너 오늘 사과를 몇 개나 먹었니?

문법고리 apples : 명사

07 _ Richard, what are you doing up there?

What are you 동사원형+ing : 당신은 무엇을 동사원형하고 있는가?

리처드, 그 위에서 뭐 하세요?

문법고리 you : 대명사

---

11 _ I used to know the recipe but I forgot. (11번 회화 문장)

Do you know how to 동사원형+목적어 : 당신은 목적어를 동사원형할 줄 아는가?

이것을 어떻게 요리하는지 알고 있니?

문법고리 the : 관사

---

14 _ I have two sisters, and both of them are sick. To make matters worse, they have to take their final exams this week.

I have 명사 : 나는 명사를 가지고 있다

저에게는 누나가 두 명 있는데 모두 아파요. 설상가상으로 그들은 이번 주에 학기말 시험을 쳐야 합니다.

문법고리 sick : 형용사

---

17 _ How often do you play tennis?

How often do 주어+동사 : 주어는 얼마나 자주 동사하는가?

얼마나 자주 테니스를 칩니까?

문법고리 often : 부사

---

21 _ There's some food on the table. Help yourself, but please don't feed the dog. We are trying to cut down the food cost.

There is 명사 : 명사가 있다

식탁 위에 음식이 좀 있어요. 마음껏 들되, 개에게는 먹이지 마세요. 음식 비용을 절감하려고 합니다.

문법고리 feed : 동사

---

24 _ You should call the doctor right away.

You should 동사 : 당신은 동사하는 편이 좋겠다

당장 의사를 부르는 게 좋겠어.

문법고리 should : 조동사

---

27 _ What is going on down there?

What is 동사원형+ing : 무슨 동사원형이 진행되고 있는가?

그 밑에 무슨 일이에요?

문법고리 is going : 동사의 시제

31 _ What are you looking at?

What+be동사+주어+동사원형+ing : 주어가 무엇을 동사원형하고 있는가?

뭘 보고 있니?

문법고리 are you looking : 진행형

---

34 _ How much did you pay for that?

How much do 주어+동사 : 주어는 얼마나 동사하는가?

너 그것 얼마 주고 샀니?

문법고리 문장의 주된 4요소(문장에서 도출되지 않는다. 34번의 끝자리 수인 4를 보면서 문장의 주요 4요소를 생각하라.)

---

37 _ We are very sorry for all the trouble we've caused you, but that's the way it is around here. Take it or leave it.

We are very sorry for 명사 : 우리는 명사에 대해서 정말 죄송하게 생각한다

여러 가지로 폐를 끼쳐서 정말 죄송하지만, 세상일이란 게 다 그렇지요. 사든지 말든지 하세요.

문법고리 문장의 종류(수리공이 허리에 차고 있는 여러 종류의 도구를 보면서 문장의 종류를 생각해 보라.)

---

41 _ Let me know when she comes in.

Let me 동사원형 : 나로 하여금 동사원형하게 하라

그녀가 들어오면 내게 알려 줘.

문법고리 문장의 5형식(미스 최가 결근한 이유는 프로듀서가 문장의 5형식에 대해

연구해 오라고 지시했기 때문이었다.)

---

44 _ Are you surprised at the news?

Are you 과거분사 : 당신은 과거분사했나요?

그 뉴스에 놀라셨나요?

문법고리 at the news : 구

---

47 _ It's obvious he failed the exam twice before he became a broadcaster.

It's obvious 주어+동사 : 주어가 동사한 것이 분명하다

그가 방송인이 되기 전에 그 시험에 두 번이나 떨어진 것이 분명해요.

문법고리 before he became ～ : 절

위에서 본 바와 같이 DACE 학습법의 기본 50문장에는 여러 가지 문법적 요소가 들어 있다. 이 방법으로 공부하는 사람들은 위에서 지적한 1) 해석과 작문, 2) 패턴 문장의 사용, 3) 영문법의 용어 등에 대해서 충분히 공부한 뒤에 진도를 나가야 한다. 이것이 지켜지지 않는다면 효과적인 DACE 학습이 되지 않을 것이다.

❋ 3-3. 영문법의 습관화

영문법을 습관화 혹은 내재화시키고 그것을 자기 것으로 만들기 위해서 우선 목표를 낮게, 즉 중학교 3학년 정도의 수준으로 정했다. 이 영문법의 내재화의 첫 번째 단계는 용어와의 친숙함이다. 그래서 기본 50문장으로 16개의 영문법 용어에 대한 연결 고리를 만들어 놓았다. 이 16개의 문법 고리를 하나의 통 혹은 상자라고 생각해 보자. 그 16개의 상자에는 영문법과 관련한 16개의 용어가 적혀 있지만 그 안에는 아무것도 들어 있지 않다. 왜냐하면 아직 영문법에 대해서 공부를 하지 않았다고 보기 때문이다.

이제 여러분이 갖고 있는 중학교 3학년 수준의 영문법 책을 펴서 조금씩 그 16개의 상자를 채워 보자. 41번 상자에는 '문장의 5형식'이라고 적혀 있다. 어떤 영문법 책에나 '문장의 5형식'이라는 단원이 있다. 그 책에서 문장의 5형식이란 무엇인가를 공부해서 '41번, 문장의 5형식'이란 상자에 넣어 보자. 이때 욕심을 부려 문장의 5형식에 대해서 하루에 모두 공부하려 한다면 실패하기 쉽다. 조금씩 그러나 꾸준히 공부해서 그 상자를 채우라. 50개의 문장을 매일 복습하듯이 영문법의 16개 항목을 복습하자.

아무리 중학교 3학년 수준의 영문법이라도 약 3번 정도 나누어 상자를 채워 가면 부담이 덜 되고 효과도 있을 것이다. 혹시라도 영문법을 기초부터 시작하는 사람들이 있을지 모르니 여기에서 잠시 예를 들어 보자. '41번, 문장의 5형식'을 공부할 때 3번에 나누어 공부한다는 것은 대략 다음과 같은 분량이 될 것이다.

대부분의 영문법 책에는 다음과 같은 내용이 문장의 5형식이라는 단원
에 들어 있다.

1) 동사의 분류 : 자동사, 타동사

2) 동사에 의한 5형식 분류

　　① 주어＋완전 자동사

　　② 주어＋불완전 자동사＋주격 보어

　　③ 주어＋완전 타동사＋목적어

　　④ 주어＋수여동사＋간접 목적어＋직접 목적어

　　⑤ 주어＋불완전 타동사＋목적어＋목적 보어

3) 기타 동사에 관한 항목 : 4, 5형식의 구분 방법, 사역동사, 지각동사, 자동사＋전
　　치사의 타동사 역할, 두 개 이상의 단어로 이루어진 동사구 등

이와 같은 상황에서 한 번에 이것을 다 소화시켜 '41번, 문장의 5형식'
이라는 상자에 넣으려고 하면 영문법을 습관화, 내재화시키는 데 실패하
기가 쉽다. 위의 내용을 약 3단계에 걸쳐서 학습하는 것이 바람직하다.
물론 영문법을 잘 알고 있는 사람들은 경우가 다르겠지만, 기초부터 하
는 사람들은 욕심을 내지 말고 조금씩 채워 나가라는 말이다. 우리가 앞
에서 암기한 50문장처럼 영문법도 책을 보지 않고 그 내용을 말할 수 있
어야 한다.

처음 영문법을 공부하는 사람들을 위해서 위의 예를 좀 더 구체적으로
들어 보겠다.

현재 '41번, 문장의 5형식' 이라는 상자는 비어 있다. 이것을 3단계로 나

누어 습관화시키려면, 처음 1단계에서는 위의 동사의 분류를 공부해서 상자에 넣는다. 자동사란 무엇인가? 타동사란 무엇인가? 동사의 종류에 의해서 5형식으로 나누어진다. 5형식이란 무엇인가? 영어의 기본적인 패턴은 이 5가지에 속하는구나, 자동사는 목적어를 필요로 하지 않는구나, 타동사는 목적어를 가지는구나, 불완전 동사와 완전 동사는 동사가 보어를 취하는지 아닌지에 달렸구나, 이 정도로 가볍게 공부를 한다. 물론 16개의 모든 영문법 용어를 이렇게 공부해서 각 16개의 용어와 연관지어 놓는다. 그리고 이것을 적어도 일주일 이상 반복한다. 습관은 반복없이는 생기지 않는다는 점을 명심하자.

2단계에서는 동사에 의한 5형식 분류를 공부한다.

1) 주어＋완전 자동사

2) 주어＋불완전 자동사＋주격 보어

3) 주어＋완전 타동사＋목적어

4) 주어＋수여동사＋간접 목적어＋직접 목적어

5) 주어＋불완전 타동사＋목적어＋목적 보어

이것을 공부하면서 예제 문장을 아울러 공부한다. '주어＋동사＋목적어＋목적 보어' 를 아무리 외워도 실제적으로는 별 도움이 되지 않지만, 그것에 해당하는 예문을 같이 공부해 두면 그것은 효과적이다. 물론 16개의 모든 용어에 대해서 이런 식으로 공부하여 상자에 넣는다. 이제는 어느 정도 영문법에 대한 윤곽이 드러나게 된다. 이것을 반복해서 책을 안 보고도 16개의 문법에 대한 윤곽을 말할 수 있도록 한다.

마지막 3단계에서는 그 책에 나온 모든 문장에 5형식에 관한 사항을 공부해서 '41번, 문장의 5형식' 이라는 상자에 넣자. 물론 3단계로 나누어 끝내는 사람들도 있을 수 있고 5단계로 나누어 공부해야 하는 사람들도 있겠지만, 이 방법으로 하면 언젠가는 중학교 3학년 수준의 영문법 책을 보지 않고도 말할 수 있게 된다. 그 정도가 되어야 영문법에 익숙하다고 할 것이다. TOEFL이나 TOEIC 등의 시험을 준비하는 사람들도 이 방법을 사용하면 좋다. 다만 위의 English Proficiency Exam을 준비하는 사람들은 좀 더 수준 높은 영어를 하기 위해서 중학교 3학년 문법 수준에 그쳐서는 안 된다.

이렇게 해서 중3 수준 정도의 영문법 사항이 모두 정리가 되면 이것을 하루에 한 번 정도 암기를 해 보든지 강의 시연을 해 보라. 물론 책을 덮고서 말이다. 내가 책의 도입부에서 '영어로부터 자유로워지려면 자신만의 영문법 책을 만들 수 있어야 한다' 라고 말한 것은 바로 이것을 가리키는 것이었다.

기본 50문장만 제대로 공부했다면 대략 16개의 영문법 개념은 순서대로 나오게 되어 있다. 이 단계에서, 이 책에서 지시한 대로 착실히 학습했다면 중3 정도 수준의 영문법 사항을 책을 보지 않은 채 강의를 하지 못할 이유가 없다. 이 단계에 오른 사람들은 내가 말한 '영어가 되는 기쁨' 을 누리게 될 것이다. 영어가 좋아지게 될 것이다. 아마 중·고등학생이라면 영어 수업이 기다려질 것이다.

✳ 3-4. 영문법의 숲

영문법의 용어와 용법을 이해하고 책을 안 보고 이야기할 수 있다 해서 영문법을 끝낸 것은 아니다. 영문법이 의사 소통에 직접 도움이 되기 위해서는 영문법의 전체적인 이해가 따라야 한다. 앞의 '영문법의 습관화 혹은 내재화'가 영문법의 내용을 훤하게 꿰는 것이라면, '영문법의 숲을 본다'는 것은 전체의 윤곽을 똑바로 잡아 그 숲에서 어쩔 줄 몰라 헤매는 일이 없음을 의미한다.

책상을 만들기 위해서 다섯 개의 도구를 구입했다고 가정해 보자. 망치, 톱, 수평계, 각도기, 전기 드릴 등을 구입했다고 했을 때 책상을 만들어 내기 위해서는 도구를 어떻게 사용하는지부터 알아야 한다. 전기 드릴을 사용하기 전에 어떤 사전 주의가 필요한지, 어떻게 잡으며 어떻게 힘을 주어야 하는지에 관해 잘 알고 있어야 한다. 뿐만 아니라 그 도구들이 언제, 왜 사용되는지를 알아야 책상을 효과적으로 만들 수 있다. 영문법의 용어와 용법을 아는 것도 '연장을 어떻게 사용하는지'를 아는 것에 불과하다.

영문법을 '언제, 왜'라는 관점에서 설명할 수 있는 것을 '영문법의 숲을 보는 것'이라고 하겠다.

앞에서 예를 든 바 있는 '41번, 문장의 5형식'을 공부하면서 영문법의 습관화를 위해서는 어떤 방법으로 어떻게 공부해야 하는지에 대해 생각해 보았다. 이번에는 영문법의 숲을 보기 위해서 '언제, 왜'를 중심으로 문장의 5형식을 살펴보자. 왜 5형식으로 말을 하는 것일까? 언제 5형식을 사용하는가? 등등의 질문을 통해 영어는 주어 뒤에 동사가 나온다는 것이 재발견되어야 한다.

1) 주어+동사
2) 주어+동사+보어
3) 주어+동사+목적어
4) 주어+동사+목적어+목적어
5) 주어+동사+목적어+보어

또한 주어와 보어와 목적어가 모두 명사라는 점을 알 수 있다. 위의 5형식을 통해 영어에서 명사와 동사가 차지하는 중요성에 대해서 재발견하게 된다. 명사와 동사가 이루는 숲을 잘 보면 영문법이 영어를 자유롭게 해 줄 수 있다. 독자들은 명사가 될 수 있는 것은 무엇이 있는가를 생각하게 되고 이로부터 동명사 용법, 부정사의 명사적 용법, 명사절 등이 주어, 목적어, 보어가 될 수 있음을 보게 된다. 동명사와 부정사의 경우, 모두 동사로부터 온 것이다. 따라서 그들이 갖는 동사적 성질 때문에 부정사에도 완료나 수동태적인 표현이 가능함을 재인식해야 한다.

영문법의 숲은, 영문법의 어떤 항목에 대해서 왜 그렇게 되었을까 하는 음미와 질문을 통해서 볼 수 있다. 이 과정은 누가 가르쳐 주는 것이 아니라 독자가 영문법의 용어와 용법을 반복적으로 연습하여 습관으로 만듦으로써 자연히 터득하게 되는 것이다. 그렇게 되면 전에 암기한 적도 없고 사용해 본 적도 없는 문장을 스스로 만들어 나갈 수 있게 된다. 영문법에 근거해서 만든 것이니, 좀 이상하게 들리더라도 자신 있게 말해 보자. 이렇게 영문법이 습관화되고 영문법의 숲이 보일 때 그것이 우리의 영어를 자유롭게 해 줄 것이다. 그러나 어설프게 아는 영문법은 오히려 우리의 입과 귀를 틀어막는다는 사실을 알아야 한다. 즉, 우리는 학교 교육을 통해서 영문법을 수년 간 배워 왔다. 그러나 그것이 내재화되지는 못했다. 영문법을 아예 모르는 것도 아니고 완전하게 아는 것도 아니기 때문에 어정쩡한 상태다. 이런 정도의 영문법은 영어를 하는 데 있어 결코 좋은 영향을 주지 못한다. 영문법의 숲을 볼 수 있도록 자신을 계발해서 영어를 자유롭게 하든지, 아니면 아예 영문법에 대해서 무식해져서 문법적으로 틀리는 말이라도 용감하게 할 수 있게 되든지, 둘 중 하나를 선택하는 편이 문법을 어정쩡하게 알아 영어를 주춤하게 만드는 것보다는 훨씬 낫다고 볼 수 있다. 이 '영문법의 습관화' 와 '영문법의 숲' 을 보는 것은 계획을 세워 조금씩 그러나 꾸준하게 해 나가는 게 중요하다.

영문법을 공부해서 습관화가 되면 우리가 암기한 기본 50문장을 중심으로 그 문장들의 틀에 맞추어 다른 문장들을 만들어 보는 연습이 필요하다. 이 책에서는 기본 50문장과 연관된 150개의 응용 문장을 소개한다. 이 응용 문장이 벅찬 사람들은 기본 50문장과 회화 50문장을 완전히 익힌 다음으로 학습을 미루어도 상관없다.

✳ 3-5. 응용 150문장 익히기

이번에는 기본 50문장을 응용하는 문장들을 제시하고자 한다. 이 응용 문장은 순서대로 암기할 수 있는 사람에게는 매우 큰 도움이 되겠지만 모든 사람에게 하라고 권하지는 않겠다. 이 응용 문장들은 기본 50문장을 충분히 공부한 후라면 자연스럽게 변형시킬 수 있는 문장들이다. 우선 영어 문장을 해석해 보고 작문해 보자. 이것이 완벽하게 되지 않았을 때는 이 문장들을 보지 않고는 대화가 불가능하다는 것을 명심하라.

이 문장들은 어떤 점에서는 좀 기계적으로 작성한 듯한 느낌이 들지도 모르겠다. 그러나 그러한 느낌은 이 문장들을 전체적으로 기억하려는 사람들을 돕기 위한 장치다. 스토리 또한 마찬가지다. 즉, 따옴표 안에 있는 문장은 세 개의 응용 문장의 내용을 기억하도록 도와주는 단어를 넣어서 문장을 만들었다.

예를 들면 00번의 응용 문장은 다음 세 개로 되어 있다.

00-1 Once you see the bicycle, you will want to buy it.

일단 자전거를 보면, 넌 사고 싶어질 거야.

00-2 Once you see those clowns, you will crack up at the silly situations they run into.

일단 그 광대들을 보면, 넌 그들이 처하는 바보 같은 상황에 웃음을 터뜨릴 거야.

00-3 Once you see his daughter, you will understand why he was so pleased to show her off to everyone.

일단 그의 딸을 보면, 왜 그가 그토록 사람들에게 그녀를 보이고 싶어했는지 이해하게 될 거야.

이 세 문장을 여러분이 효율적으로 기억하고 연습하도록 하기 위해 처음 문장에서는 자전거, 두 번째 문장에서는 광대, 세 번째 문장에서는 딸을 뽑아 아래의 문장을 만들어 보았다.

기억문장 **그의 딸이 왜 그토록 자전거를 사고 싶어했는지, 광대들을 보면 알 거야.**

이 문장을 기억한다면 여기에 나오는 딸이라는 단어를 통해 '그가 딸을 모두에게 보여 주고 싶어하는 이유', 자전거를 통해서는 '보면 사고 싶다', 광대라는 단어에서는 '광대를 보면 웃게 될 것이다' 라는 생각을 떠올리게 되고 이것을 토대로 영어 문장을 기억하고 연습하도록 의도한 것이다.
이 문장들을 책을 보지 않고 말할 수 있는 능력을 기를 수 있기를 바라는 마음에서, 비록 기계적일지라도 이런 방법에 입각해 응용 문장을 소개하겠다. 이 기억을 돕는 스토리 이외에도 다음과 같은 원칙을 가지고 문장들이 구성되어 있음을 알아야 한다. 기본 50문장과 응용 문장들에서 밑줄이 쳐져 있는 단어들을 볼 수 있을 것이다. 이 단어들은 기본 50문장에 밑줄이 그어진 단어와 연관이 있음을 발견할 수 있다.

00번의 문장은 다음과 같다.
Once you see all those <u>animals</u>, you should feel better.
이 문장의 animals에 밑줄이 그어져 있다.

❶ Once you see the <u>bicycle</u>, you will want to buy it.

일단 자전거를 보면, 넌 사고 싶어질 거야.

❷ Once you see those <u>clowns</u>, you will crack up at the silly situations they run into.

일단 그 광대들을 보면, 넌 그들이 처하는 바보 같은 상황에 웃음을 터뜨릴 거야.

❸ Once you see his <u>daughter</u>, you will understand why he was so pleased to show her off to everyone.

일단 그의 딸을 보면, 왜 그가 그토록 사람들에게 그녀를 보이고 싶어했는지 이해하게 될 거야.

위의 세 개의 응용 문장을 보면 bicycle, clowns, daughter의 단어들에 밑줄이 그어져 있는데, 단어들의 시작 철자가 알파벳 내림차순으로 된 것을 알 수 있을 것이다. animals의 A, bicycle의 B, clowns의 C, daughter의 D. 이런 힌트를 통해서 여러분은 다음의 세 응용 문장을 자기 스스로 만들 수 있는가 테스트해 보아야 한다. 때로 시작 철자가 알파벳 순으로 구성되지 않은 경우에는 인칭 대명사 I · You · She · He · They 등을 사용하기도 했다. 이런 요령이 도움이 되기보다는 오히려 부담스럽게 느껴지는 독자들은 자신이 원하는 방식으로 공부해도 상관없다.

이 문장도 다른 응용 문장과 마찬가지로 영어로 듣고 해석할 수 있어야 하며, 한국어 통역을 듣고 영어로 말할 수 있도록 파트너와 연습하는 것이 중요하다.

00

Once you see all those <u>animals</u>, you should feel better.

기억문장 그의 딸이 왜 그토록 자전거를 사고 싶어했는지, 광대들을 보면 알 거야.

❶ Once you see the <u>bicycle</u>, you will want to buy it.

일단 자전거를 보면, 넌 사고 싶어질 거야.

❷ Once you see those <u>clowns</u>, you will crack up at the silly situations they run into.

일단 그 광대들을 보면, 넌 그들이 처하는 바보 같은 상황에 웃음을 터뜨릴 거야.

❸ Once you see his <u>daughter</u>, you will understand why he was so pleased to show her off to everyone.

일단 그의 딸을 보면, 왜 그가 그토록 사람들에게 그녀를 보이고 싶어했는지 이해하게 될 거야.

01

I need to fix my <u>car</u> as soon as possible.

기억문장 가능한 한 어머니가 오시기 전에 기계와 엔진, 가구를 고쳐 놓아야 해.

❶ I need to fix the <u>dishwasher</u> before my mom comes home.

엄마가 오시기 전에 난 이 식기 세척기를 고쳐야 해.

❷ I need to fix my <u>engine</u> before it's too late.

너무 늦기 전에 난 나의 엔진을 고쳐야 해.

❸ I need to fix this <u>furniture</u> before somebody gets hurt.

누군가 다치기 전에 난 이 가구를 고쳐야 해.

02 I hope it snows all day long tomorrow.

기억문장 넌, 비가 많이 와서 판매직 응모를 원치 않고 있어. 내가 맞지?

❶ <u>You</u> hope it rains hard tonight so that you don't have to go to school tomorrow. Am I right?

넌, 오늘 밤 비가 많이 와서 내일 학교에 가지 않아도 되기를 원하고 있어. 내가 맞지?

❷ <u>He</u> hopes it's not too late for the sales position he saw in the Sunday paper.

그는 일요일 신문에서 본 판매직 응모에 너무 늦(게 지원하)지 않았기를 바라고 있다.

❸ <u>They</u> hope they won the lottery so that they don't have to work the rest of their lives.

그들은 복권에 당첨되어 여생을 일을 하지 않고 보내기를 바라고 있다.

03 Can I get you <u>anything</u>?

기억문장 기다리는 동안, 읽을 책과 커피와 도넛을 드릴까요?

❶ Can I get you a <u>book</u> to read?

읽을 책을 좀 드릴까요?

❷ Can I get you a cup of <u>coffee</u> while you are waiting here?

여기서 기다리는 동안 커피 한 잔 드릴까요?

❸ Can I get you a <u>doughnut</u> with that?

그것에 도넛을 곁들여 드릴까요?

04

How many <u>apples</u> did you eat today?

기억문장 1년에 며칠 있는 회의를 위해서, 남자아이가 복사를 하나요?

❶ How many <u>boys</u> do you have in your family?

가족 중에 남자아이가 몇 명이나 있나요?

❷ How many <u>copies</u> did you make for the meeting last night?

어제 저녁 회의에 쓰려고 몇 부나 복사했나요?

❸ How many <u>days</u> are in a year?

1년은 몇 일인가요?

05

If it is possible, I'd like to have a <u>Diet Coke</u>.

기억문장 가능하다면, 할머니를 위해서 책과 손전등과 재킷을 갖고 싶습니다.

❶ If it is possible, I'd like to have <u>every book</u> published by that company.

가능하다면, 그 회사에서 출판한 모든 책을 갖고 싶습니다.

❷ If it is possible, I'd like to have a <u>flashlight</u> that uses three D-size batteries.

가능하다면, D사이즈 배터리 세 개가 들어가는 손전등을 부탁합니다.

❸ If it is possible, I'd like to get a <u>green jacket</u> for my grandmother.

가능하다면, 할머니를 위해서 초록색 재킷을 갖고 싶습니다.

06

Whose <u>cellular phone</u> is this anyway?

기억문장 아버지의 컴퓨터 사전이 갈색인가요?

❶ Whose <u>dictionary</u> did you use for the last project?

지난번 프로젝트를 진행할 때 누구의 사전을 사용했나요?

❷ Whose eyes are brown?

눈이 갈색이신 분이 누구세요?

❸ Whose father has a company that produces computer monitors?

누구 아버지가 컴퓨터 모니터를 만드는 회사를 갖고 있나요?

07

Richard, what are you doing up there?

기억문장 내가 먹지도 못하는데, 무엇을 위해 싸우면서 그들을 보호하는 거지?

❶ What am I eating now?

내가 지금 무엇을 먹고 있지?

❷ What is he fighting for?

그는 무엇을 위해 싸우는 거지?

❸ What are they guarding?

그들은 무엇을 보호하는 거지?

08

To tell the truth, I don't like him that much.

기억문장 그는 부엌에서 아이스크림 먹고 여행하는 것을 요구하지 않아.

❶ To tell the truth, you don't like ice cream that much.

솔직히 말해, 넌 아이스크림을 썩 좋아하지 않잖아.

❷ To tell the truth, he doesn't like a job that requires a lot of traveling.

사실은 말이지, 그는 출장을 자주 가야 하는 직업을 좋아하지 않아.

❸ To tell the truth, they don't like a kitchen that has a gas stove.

사실은 말이지, 그들은 가스 오븐이 있는 부엌을 좋아하지 않아.

09

One should keep one's promise; otherwise no one will trust him or her.

기억문장 내가 약속을 지키지 않으면, 내 도움이 필요할 때 더 이상 신용하지 않을 거야.

❶ I should keep my promise this time; otherwise no one will trust me anymore.

난 약속을 지켜야 해. 그렇지 않으면, 누구든 나를 더 이상 신용하지 않을 거야.

❷ I should keep my promise; otherwise no one will trust me, even if I am begging.

난 약속을 지켜야 해. 그렇지 않으면, 내가 애걸복걸을 해도 나를 믿어 주지 않을 거야.

❷ I should keep my promise; otherwise no one will trust me when I need his help.

난 약속을 지켜야 해. 그렇지 않으면 내가 도움이 필요할 때 누구든 나를 믿지 않을 거야.

10

Speaking of the tennis match, this is John's last one of the season.

기억문장 그 사람으로 말하자면, 이 주변에서 제일가는 보스로서, 바이올린을 연주하고 안개가 끼면 예측 불허인 사람이야.

❶ Speaking of unhappy people, my boss is the second to none in terms of being upset.

불행한 사람 이야기가 나와서 말인데, 화내는 것에 관한 한 우리 상사보다 더한 사람은 없을 거야.

❷ Speaking of the violinist, she is the best around here.

바이올린 연주자로 말하자면, 그녀가 이 지역에서는 제일이야.

❸ Speaking of the <u>weather</u> forecasting, they are not doing well in the month of May due to the unpredictable foggy conditions.

일기 예보 말이 나와서 말인데, 예측 불허의 안개 때문에 5월에는 일기 예보가 통 맞지를 않았어.

11

Do you know how to <u>cook</u> this?
I used to know the recipe but I forgot.

기억문장 그는 이런 상황에서도 그 차의 안전벨트 매는 방법을 명확하게 설명할 줄 압니다.

❶ Do you know how to <u>deal</u> with the situation?

당신은 이런 상황에서 어떻게 대처해야 하는지 아나요?

❷ Does he know how to <u>explain</u> it adequately?

그는 그것을 명확하게 설명할 줄 압니까?

❸ Do they know how to <u>fasten</u> the seatbelt in their car?

그들은 그 차의 안전벨트 매는 방법을 아나요?

12

I feel sick to my <u>stomach</u>.

기억문장 저번 사고로, 이맘때면 기분이 엉망이야.

❶ I feel <u>terrible</u>.

난 기분이 엉망이야.

❷ I <u>usually</u> feel good about this time of the day, but not today.

대체로 하루의 이맘때면 기분이 좋은데, 오늘은 아니야.

❸ I feel <u>very</u> sorry about the accident you got into the other day.

저번에 당한 사고에 대해 참으로 안타깝게 생각한다.

13

Feel free to call me, whenever you want to play tennis.

기억문장 그들이 숙제도 안 하고 장난치고 놀길래 제가 당신 사무실로 언짢은 메시지를 남겼으니 주저하지 말고 전화 주세요.

❶ Feel free to call me whenever I say something that makes you upset.

내가 당신을 언짢게 하는 어떤 말을 할 때면 언제라도 주저 말고 전화 주세요.

❷ Feel free to call me whenever he isn't in his office, especially if you have to leave an urgent message for him.

그가 사무실에 없을 때 급한 메시지를 남겨야 한다면 언제라도 주저 말고 제게 전화 주세요.

❸ Feel free to call me whenever they are not doing their homework and goofing around.

그들이 숙제는 안 하고 빈둥거리기만 하면 언제라도 주저 말고 제게 전화 주세요.

14

I have two sisters, and both of them are sick.

기억문장 그에게는 두 명의 의사 삼촌이 있었는데, 그들에게 바퀴가 달린 진공 청소기를 선물했다.

❶ I have two tires, and both of them are worn out badly. I should replace them as soon as I have a chance.

나는 바퀴를 두 개 가지고 있는데, 그 두 개가 다 해져서 기회가 닿는 대로 빨리 바꿔야 한다.

❷ He has two uncles, and both of them are doctors.

그에게는 두 명의 삼촌이 있는데, 그들은 모두 의사이다.

❸ They have two vacuum cleaners in their house. One is very small and the other is very big.

그들은 두 개의 진공청소기를 가지고 있는데, 하나는 작고 다른 하나는 매우 크다.

15

How come you are not wearing a yellow uniform today?

기억문장 우리는 마감 때문에 회의에 초대받지도 못했는데, 어째서 그는 두 개씩이나
가졌지?

❶ How come I wasn't invited to that meeting? What's going on here?

어째서 난 그 회의에 초대받지 않았지? 뭐가 어떻게 되고 있는 거야?

❷ How come he got two of those while the rest of us couldn't get even
one?

우리들은 하나도 갖지 못했는데, 어째서 그는 그걸 두 개씩이나 가졌지?

❸ How come they are not doing anything while we are so busy trying to
meet the deadline?

우리는 마감을 맞추느라 이렇게 바쁜데, 어째서 그들은 아무것도 하지 않고 있는 거지?

16

I have to make a decision by 10:30.

기억문장 너는 그들이 요청하기 전에 주말까지 보고서를 만들어야 한다.

❶ You have to make an example for them.

너는 그들을 위해서 모범이 되어야 한다.

❷ He has to make[write] a full report on this accident before they ask.

그는 그들이 요청하기 전에 그 사고에 대한 전체적인 보고서를 만들어야 한다.

❸ They have to make a gate by the end of this week.

그들은 이번 주말까지 출입문을 만들어야 한다.

17

How often do <u>you</u> play tennis?

기억문장 내가 얼마나 자주 그와 전화를 하고 외식을 하는지 아세요?

❶ How often do <u>I</u> have to come here?

내가 얼마나 자주 여기에 와야 해요?

❷ How often does <u>he</u> call you?

얼마나 자주 그가 전화를 하나요?

❸ How often do <u>they</u> eat out a week?

그들은 일주일에 몇 번 외식을 하지요?

18

Do you mind if I give you some <u>advice</u> on that? It is very important tip on how to use the court.

기억문장 내가 결혼식 장소 안내를 위해, 오렌지 대신 바나나 표지판을 만들어 그에게 주어도 상관없나요?

❶ Do you mind if I give him some <u>bananas</u> instead of oranges?

내가 오렌지 대신에 바나나를 그에게 주어도 상관없나요?

❷ Do you mind if I give her some <u>crazy ideas</u> for your wedding?

내가 그녀에게 당신의 결혼식에 관해 아주 재미있는 아이디어를 주어도 될까요?

❸ Do you mind if I give them <u>directions</u> to find the place?

그들에게 그 장소를 발견하도록 위치 안내를 해 주어도 괜찮아요?

19

You are much <u>better</u> than me.

기억문장 그의 생각은, 당신 사장이 그들을 가르치는 게 쉽다는 것입니다.

❶ You are more <u>careless</u> than your big boss.

당신이 당신의 사장보다 더 경솔하지요.

❷ His thoughts are much <u>deeper</u> than mine.

그의 생각은 내 생각보다 심오해요.

❸ Their teaching is much <u>easier</u> than anyone else's.

그들의 가르침은 어느 누구의 것보다 쉬워요.

20

I can't believe this is the last <u>summer camp</u> that I am attending with you guys.

기억문장 내가 졸업하기 전에 팔아야 할 마지막 비디오라니 믿어지지가 않는다.

❶ I can't believe this is the last <u>test</u> I have to take before graduation.

이것이 내가 졸업하기 전에 봐야 하는 마지막 시험이라니 믿어지지가 않는다.

❷ I can't believe this is the last <u>umbrella</u> I have to sell today.

이것이 오늘 내가 팔아야 할 마지막 우산이라니 믿어지지가 않는다.

❸ I can't believe this is the last <u>video</u> I have to send off before I go home.

이것이 내가 집에 가기 전에 우송해야 할 마지막 비디오라니 믿어지지가 않는다.

21

There's some food[cake] on the table. Help yourself, but please don't feed the dog.

기억문장 너의 집에 재미있는 이야기를 해 줄 수 있는 의사가 있다.

❶ There's a <u>doctor</u> who can help you out at the corner office.

모퉁이 사무실에 너를 도와줄 수 있는 의사가 있다.

❷ There's an <u>effective</u> way to get rid of all the flies in your house at once.

너의 집에 있는 모든 파리를 한 번에 없앨 수 있는 어떤 효과적인 방법이 있다.

❸ There's a funny story about former president Clinton.

클린턴 전 대통령에 대한 재미있는 이야기가 있다.

22 Is there a drugstore around here?

기억문장 나에게 빈 상자를 살 수 있는 상점을 안내할 안내자가 있어요?

❶ Is there an empty box that I can use?

내가 사용할 수 있는 빈 상자가 있어요?

❷ Is there a frozen food section in this store?

이 상점 안에 냉동 식품 코너가 있어요?

❸ Is there a guide who can show me around?

나에게 이 주변을 안내해 줄 안내자가 있어요?

23 Don't tell me you can't go there.

기억문장 설마 내가 회원이 아니라고, 사지 않는다는 것은 아니겠지.

❶ Don't tell me I can't see the report just because I am not a committee member.

설마 내가 회원이 아니기 때문에 그 보고서를 볼 수 없다는 것은 아니겠지.

❷ Don't tell me he broke the window again.

설마 그가 또 창문을 깨뜨렸다는 것은 아니겠지.

❸ Don't tell me they are not going to buy the house.

설마 그들이 그 집을 사지 않는다는 것은 아니겠지.

24

You should call the <u>doctor</u> right away.

기억문장 집 근처에서 수상한 사람을 보면, 무슨 짓을 저지르기 전에 전화를 해야 한다.

❶ You should call the <u>electrician</u> before you do anything with that live wire.

전류가 흐르고 있는 그 전선으로 무슨 사고라도 내기 전에 너는 전기 기술자를 불러야 한다.

❷ You should call your <u>father</u> first whenever you see a strange guy around the house.

집 근처에서 수상한 사람을 보면 언제라도 제일 먼저 아빠를 불러야 한다.

❸ You should call the <u>guesthouse</u> information center to find some more information on him.

그에 대해 좀 더 많은 정보를 얻으려면 숙소 안내소에 전화를 해야 한다.

25

Would you bring more <u>batteries</u> for me?

기억문장 이리로 좀 더 많은 과자와 디스크를 가져다 줄래요?

❶ Would you bring more <u>cookies</u> next time around?

다음번에는 좀 더 많은 과자를 가지고 올래요?

❷ Would you bring more <u>disks</u> for me?

나를 위해 좀 더 많은 디스크를 가져다 줄래요?

❸ Would you bring more <u>erasers</u> over here?

좀 더 많은 지우개를 이리로 가져올래요?

26

May I ask you where <u>I</u> can find those batteries?

기억문장 그들이 어디 출신이라고 들었는지 물어도 될까요?

❶ May I ask you where <u>you</u> heard that story?

어디서 그 이야기를 들었는지 물어도 될까요?

❷ May I ask you where <u>he</u> is from?

그가 어디 출신인지 물어도 될까요?

❸ May·I ask you where <u>they</u> are going?

그들이 어디로 가는지 물어도 될까요?

27 What is going on <u>down</u> there?

기억문장 오늘 아침 동부 경기에서는 무슨 문제가 발생한 거야?

❶ What is going on over on the <u>east</u> coast these days?

요즘 동부 연안에 무슨 일이 일어난 거야?

❷ What is going on with the <u>frequency</u> meter this morning?

오늘 아침 주파수 계기에 무슨 문제가 발생한 거야?

❸ What is going on with the <u>game</u> today?

오늘 경기에 무슨 일이 일어난 거야?

28 I had a <u>hard</u> time controlling the boat.

기억문장 사무실에서 한국어와 일본어에 능통한 지원자 면접을 했다.

❶ I had an <u>interview</u> for the internship position on the boat.

나는 배의 실습 조종자 직을 위한 면접을 했다.

❷ I had a <u>Japanese</u> applicant who speaks Japanese as well as Korean fluently.

한국어와 일본어에 능통한 일본인 지원자를 보유하고 있다.

❸ I had a <u>key</u> to my office this morning, but I lost it after the interview.

아침에는 사무실 열쇠를 가지고 있었는데, 면담 후에 잃어버렸다.

29

Please forgive <u>me</u> this time. I will make sure It won't happen again.

기억문장 그는 이 분야에 대해 경험이 없을 뿐만 아니라, 무엇을 하고 있는지 상황조차
도 잘 이해하지 못하고 있으니 용서해 주세요.

❶ Please forgive this <u>naughty</u> boy. He doesn't know what he is doing.

이 개구쟁이를 용서해 주세요. 그 아이는 자기가 무엇을 하고 있는지도 몰라요.

❷ Please forgive the <u>operator</u>. He doesn't have any experience in this business.

교환원을 용서하세요. 그는 이 분야에 대해 경험이 없거든요.

❷ Please forgive the <u>patrolman</u>. He wasn't aware of the situation at all.

그 순경을 용서해 주세요. 그는 상황을 잘 이해하지 못했어요.

30

On a day like this, I would do anything for a <u>cold</u> drink.

기억문장 이런 날에는 밀크셰이크보다는 해변에서 신선한 공기를 마시는 것이 좋다.

❶ On a day like this, I would do anything for a <u>delicious</u> milkshake.

이런 날에는, 맛있는 밀크셰이크를 위해서라면 뭐든지 하겠어.

❷ On a day like this, I would do anything for an <u>easy</u> ride to the beachfront.

이런 날에는, 해변으로 놀러 나가는 것을 위해서라면 뭐든지 하겠어.

❷ On a day like this, I would do anything for some <u>fresh</u> air.

이런 날에는, 신선한 공기를 위해서라면 무언들 못할까.

31

It looks like it's going to rain any minute.

기억문장 그 직업 때문에, 킴벌리는 오랫동안 기다렸던 음악회를 취소할 것 같다.

❶ It looks like Jack is going to take that job after all.

결국 잭은 그 직업을 선택할 것 같다.

❷ It looks like Kimberly is going to kill that plan.

킴벌리가 그 계획을 취소할 것 같다.

❸ It looks like the long awaited concert is going to be canceled.

오랫동안 기다렸던 음악회가 취소될 것 같다.

32

I heard you are moving to New York. Is that right?

기억문장 그가 어젯밤 특별 진급을 해서, 모스크바로 가도록 선출되었다고 들었어요.

❶ I heard I was selected to go to Moscow this January.

Is that right? Why me?

제가 1월에 모스크바로 가도록 선출되었다고 들었는데, 그게 사실인가요? 왜 저지요?

❷ I heard he is the one who got the special promotion this time. Is that true?

그가 이번에 특별 진급을 했다는 소식을 들었어요. 그게 사실인가요?

❸ I heard they won the lottery jackpot last night.

그들이 어젯밤 거액의 복권에 당첨되었다고 들었어요.

33

Is this the ring you were looking for?

기억문장 이것이 이번 트럭 행사를 위해 네가 만든 프로그램이니?

❶ Is this the <u>sculpture</u> you made?

이것이 네가 만든 조각품이니?

❷ Is this the <u>truck</u> you bought for this project?

이것이 이번 행사를 위해 산 트럭이니?

❸ Is this the <u>utility</u> program that restores deleted files?

이것이 삭제된 파일을 복구하는 프로그램이니?

34

How much did <u>you</u> pay for that?

기억문장 이 일을 위해서, 그들이 얼마나 지불했다고 하던가요?

❶ How much do <u>I</u> owe you now?

지금 제가 얼마를 드려야 하지요?

❷ How much did <u>he</u> say he paid for this anyway?

그가 도대체 이것을 위해 얼마나 지불했다고 하던가요?

❸ How much did <u>they</u> pay you to do this job?

이 일을 의뢰하면서 그들이 당신에게 얼마를 지불했나요?

35

How do <u>you</u> open this door?

기억문장 학교에서는 이것을 닫을 때 어떻게 하고 있지요?

❶ How do <u>I</u> do this?

이것을 어떻게 해야 하지요?

❷ How do <u>you</u> close this thing?

이것을 어떻게 닫아야 하나요?

❷ How do <u>they</u> do in school?

그들은 학교에서 어떻게 하고 있나요?

36

I hate this. This kind of thing makes me really angry.

기억문장 어떤 종류의 일은 나를 차분하고 지루하게 만들어, 바보가 된 느낌이다.

❶ This kind of thing really bores me to death.

이런 종류의 일은 나를 아주 지루하게 만든다.

❷ This kind of thing makes me really calm.

이런 종류의 일은 나를 정말 차분하게 만든다.

❸ This kind of thing makes me feel really dumb.

이런 종류의 일은 나를 아주 바보처럼 느끼게 한다.

37

We are very sorry for all the trouble we've caused you, but that's the way it is around here.

기억문장 우리 집에 머무는 동안, 옷의 주름 때문에 불필요한 발걸음을 하게 해서 너무나 죄송합니다.

❶ We are very sorry for the unnecessary trip that you had to take for this refund.

환불 문제로 불필요한 발걸음을 하게 해서 너무나 죄송합니다.

❷ We are very sorry for all the violence that you experienced while staying at our place.

우리 집에 머무는 동안 당하게 된 모든 폭력에 대해서 너무나 죄송합니다.

❸ We are very sorry for all the wrinkles that wound up on your clothes.

당신 옷에 주름이 지게 해서 너무나 죄송합니다.

38

Excuse me. How long will <u>it</u> take to fix it?

기억문장 제인이 이 과목에 등록해서 켈리로부터 얼마나 피아노를 배워야 전학할 수 있지요?

❶ How long will <u>Jane</u> have to wait to register for this course?

이 과목에 등록하기 위해서 제인이 얼마나 기다려야 하나요?

❷ How long will <u>Kelly</u> have to learn the piano from you before she can play a song by herself?

켈리가 혼자서 노래를 반주할 수 있기 위해서는 당신에게서 얼마나 피아노를 배워야 하지요?

❸ How long will <u>Lance</u> have to study here to get a transfer to a NY school?

랜스가 뉴욕에 있는 학교로 전학 가기 위해서는 여기서 얼마나 공부해야 하나요?

39

Oh my gosh! What a <u>mess</u>! What happened here?

기억문장 우리에게 참 좋은 가족이군요!

❶ What a <u>nice</u> guy!

참 좋은 분이군요!

❷ What an <u>opportunity</u> for us!

우리에게 얼마나 좋은 기회인가!

❷ What a <u>poor</u> family!

얼마나 불쌍한 가족인가!

40

John promised to visit Paul's office before <u>he</u> leaves for Egypt.

기억문장 존은 조카와 삼촌을 보고 일본 친구를 만나기로 약속했다.

❶ John promised to visit Indiana to see his Japanese friends.

존은 인디애나를 방문해 일본 친구들을 만나기로 약속했다.

❷ John promised to visit John's uncle next weekend.

존은 다음 주말에 그의 삼촌을 찾아뵙기로 약속했다.

❸ John promised to visit the kindergarten to see his nephew.

존은 그의 조카를 보기 위해 유치원에 들르기로 약속했다.

41

Let me know when she comes in.

기억문장 내가 그 도시로부터 언제 결과를 받게 될지 알려 주세요.

❶ Let me know when I should do that.

내가 언제 그것을 해야 하는지 알려 주세요.

❶ Let me know when you are coming in to complete that.

당신이 그것을 마치기 위해 언제 올 것인지 알려 주세요.

❶ Let me know when they get the results from the city.

그들이 그 도시로부터 언제 결과를 받게 될지 알려 주세요.

42

Why don't you give her a call and remind her that I'll stop by around 9.

기억문장 그녀가 좀 나아질 때까지, 그냥 이곳에 내버려두지 그래요.

❶ Why don't I show you around here?

제가 이곳을 보여 드리지요.

❷ Why doesn't he stay with us until he feels better?

그가 기분이 좀 나아질 때까지 우리와 함께 있도록 하지 그래요.

❸ Why don't they leave her alone? She is at the verge of break down.

그녀를 그냥 내버려두지 그래요. 그녀는 지금 자포자기 직전이에요.

43

I wonder if this pearl necklace will make her happy.

기억문장 말다툼 때문에 승무원들이 그리로 가고 있는 건 아닌지 몰라.

❶ I wonder if the quarrel was about whether he can drive that car or not.

그 말다툼은 그가 그 차를 운전할 수 있는지 없는지에 관한 것이었는지도 몰라.

❷ I wonder if the rescue team was on their way.

구조대가 그리로 가고 있는지 모르겠어.

❸ I wonder if the submarine crew was okay or not.

그 잠수함 승무원들이 무사한지 어떤지 모르겠어.

44

Are you surprised at the news?

기억문장 주지사가 제출한 제품 품질 관리 비용에 놀라셨어요?

❶ Are you surprised at the operating cost of this facility?

이 건물에 들어가는 관리 비용에 놀라셨어요?

❷ Are you surprised at the proposal that was submitted by the governor?

주지사가 제출한 제안서에 놀라셨어요?

❸ Are you surprised at the quality of the product?

그 제품의 품질에 놀라셨어요?

45

Do you want <u>me</u> to verify that for you?

기억문장 그녀가 이번 주말 연휴의 여행을 취소하고 보고서를 한 번 더 확인해 주기를 원하세요?

❶ Do you want <u>him</u> to work this long weekend?

그가 이번 주말이 낀 연휴에 일하기를 원하세요?

❷ Do you want <u>her</u> to cancel the trip for you?

그녀가 당신을 위해 그 여행을 취소하기를 원하세요?

❸ Do you want <u>them</u> to go over that report once more before turning it in?

그들이 그 보고서를 제출하기 전에 한 번 더 확인해 주기를 원하세요?

46

<u>It</u> was here on the table this morning but it's gone now.

기억문장 아침에 젤리가 책상 위에 있었는데, 누군가 가져간 것 같아.

❶ The <u>jelly</u> was on the kitchen table this morning but it is gone now.

아침에 젤리가 식탁 위에 있었는데, 지금은 없어졌네.

❷ The <u>knife</u> was on the table last night. I saw it with my own eyes.

어젯밤에는 칼이 책상 위에 있었어요. 내 눈으로 봤어요.

❸ The <u>light</u> bulb was here a minute ago but it's not anymore. I guess somebody took it.

전구가 방금 전에도 여기에 있었는데, 지금은 없네. 누군가 가져간 것 같아.

47

It's obvious he failed the exam twice before he became a broadcaster.

기억문장 내가 정지 신호에서 서지 않기 때문에, 판사가 여덟 번이나 유리한 판결을 하지 않은 것이 분명해요.

❶ It's obvious I am going to flunk the driving test because I didn't stop completely at the stop sign.

내가 정지 신호에서 서지 않았기 때문에 운전면허 시험에 떨어질 것이 분명해요.

❷ It's obvious the judge gave her a favorable decision.

판사가 그녀를 봐준 것이 분명해요.

❸ It's obvious those eight kids wanted to stay there a little longer than their parents allowed them to.

그 여덟 명의 아이들은 그들의 부모가 그들에게 허락한 것보다 그곳에 더 머물고 싶어 했던 것이 분명해요.

48

The reason why he failed the exam was he simply didn't study hard enough.

기억문장 국제학이 왜 제대로 이루어지지 못했는가 스스로 자문하길, 정의가 구현되지 못해서인지는 분명하지 않다.

❶ The reason why the international study didn't go smoothly was well documented in this report.

왜 국제학이 제대로 이루어지지 못했는지에 대해서는 이 문서에 잘 정리되어 있다.

❷ The reason why justice didn't prevail in this case was not clear to us from the beginning.

이 경우에 왜 정의가 구현되지 못했는지에 대해서는 처음부터 우리에게 분명하지가 않았다.

❸ The reason why a <u>kite</u> flew in that way wasn't an important subject until Jerry questioned himself.

왜 연이 그렇게 날까 하는 이유는 제리가 자문할 때까지는 중요한 문제가 아니었다.

49

If he studies <u>hard</u>, he will pass the exam. That's for sure.

기억문장 그가 좀 더 기쁘게 공부한다면, 시험에 좋은 성적을 받아 당장 합격할 것이다.

❶ If he studies <u>intellectually</u>, he will pass that exam right away.

그가 머리를 써서 공부한다면, 그 시험에 당장 합격할 것이다.

❷ If he studies more <u>joyfully</u>, he doesn't have to worry about the outcome of that exam.

그가 좀 더 기쁘게 공부한다면, 시험 결과에 대해서 걱정하지 않아도 될 텐데.

❸ If he <u>keeps</u> studying like that, he should be able to improve his grade on that exam.

그가 저렇게 계속 공부한다면, 그 시험에서 좋은 성적을 받을 수 있을 것이다.

앞에서도 말했듯이, 위의 응용 문장은 순서대로 암기할 필요는 없다. 이 문장들을 듣고 해석할 수 있고 또한 영어로 말할 수 있으면 된다. 기본 문장의 패턴을 따르고 있기 때문에 조금만 노력하면 자신의 것으로 만들 수 있다.

다음은 기본 50문장을 다른 각도에서 응용하는 방법을 소개한다. 영문법을 공부하면서 의문문, 특히 의문사가 있는 의문문과 의문사가 다른 문장의 일부가 되어 있는 간접 의문문을 집중적으로 공부해 두면 영어로 말하는 데 큰 도움이 될 것이다. 다음에는 기본 50문장을 기본 동사와 9개의 의문사를 사용해서 응용하는 방법을 소개하겠다.

✲ 3-6. 의문사와 기본 동사의 응용

모르는 것을 묻는 데 사용하는 의문사는 의문 대명사 who, whose, whom, which, what과 의문 부사 when, where, why, how 등 9가지가 있다. 특히 영어 회화를 중심으로 이 책을 공부하는 독자는 의문사가 들어 있는 의문문과 간접 의문문에 대해 복습해 보는 것이 좋다. 의문사 사용을 집중적으로 훈련하면 반드시 회화의 폭이 넓어짐을 느낄 것이다. 아래에서 보듯 기본 50문장 안에도 의문사가 들어 있는 의문문들이 여러 개 있음을 알 수 있다.

04 _ How many apples did you eat?
11 _ Do you know how to cook this?
15 _ How come you are not wearing a yellow uniform today?
17 _ How often do you play tennis?
26 _ May I ask where I can find those batteries?
27 _ What is going on down there?
31 _ What are you looking at?
34 _ How much did you pay for that?
35 _ How do you open this door?
38 _ How long will it take to fix it?

이렇듯 의문사를 잘 이용하면 영어의 폭이 넓어질 수 있는데, 정작 이런 문장을 연습하려면 마땅히 생각나는 문장들이 없을 때가 많다. 좋은 줄도 알고, 하고는 싶은데 마땅히 연습할 방법이 없다. 많은 이들이 이런 경우를 겪었을 것으로 생각한다. 하지만 여러분은 이미 적어도 기본 50문장과 회화 50문장을 공부했을 테니 조금만 노력하면 이번에 소개하는 것을 충분히 할 수 있을 것이다. 이 부분이 잘되면 영어 공부를 스스로 할 수 있다는 자신감도 생길 것이다.

이번 응용은 기본 동사라고 알려진 18개의 동사와 9개의 의문사를 연결해서 문장을 만들어 보는 것이다. 기본 동사라고 불리는 18개의 동사는 그 용도가 다양하고 사용도 빈번하여, 실용 영어에 거의 매번 나오는 동사라고 보면 된다. 자주 사용되는 동사이기에 반드시 알아 두어야 하지만, 또 그만큼 용법이 다양하기 때문에 전체적인 의미를 파악하는 것이 그리 쉽지만은 않을 것이다. 아무튼 이 18개의 동사를 가지고 문장을 연습해 보는 것은 매우 중요한 응용이다. 다음은 18개의 기본 동사이다. 내가 제시하는 이 응용을 하기 위해서 독자는 먼저 다음의 동사들을 책을 안 보고 기억할 수 있어야 한다.

be _ do _ come _ go _ make _ keep _ give _ take _ say _ send _ put _ get _ see _ set _ turn _ run _ let _ have

이 동사들에 대한 의미와 사용법은 사전을 참고하기 바란다. 18개 동사의 의미를 알고 암기한 사람들은 다음으로 건너뛰어도 된다. 만일 위의 18개의 동사가 완전하게 기억되지 않는 사람들은 동물원 zoo의 그림을 이용해서 간단히 기억할 수 있다. 먼저 동물원의 그림을 보자.

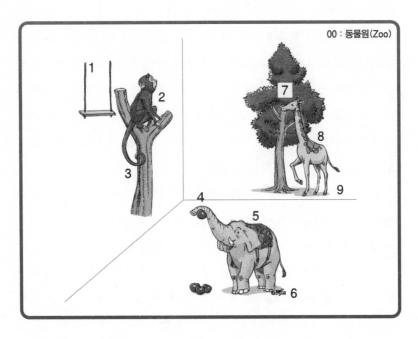

위의 18개의 기본 동사를 2개씩 짝을 지어 9개로 만들고, 그 9개를 동물
원 그림의 9개 그림 주소에 스토리를 만들어 연결해서 기억한다.

01 _ be, do

02 _ come, go

03 _ make, keep

04 _ give, take

05 _ say, send

06 _ put, get

07 _ see, set

08 _ turn, run

09 _ let, have

✱✱ 기억을 위한 스토리

그림을 보면서 아래의 동사가 어떻게 연결되는지 알면 쉽게 기억이 될 것이다.

01 _ **be, do** 존의 여자 친구는 차가 고물이고 자주 망가져서 남자 친구에게도 자존심이 상한다. 이렇게 살아야 하나?(to be or not to be) 차를 고쳐야 하나 말아야 하나?(to do or not to do)

02 _ **come, go** 눈이 많이 와서 원숭이는 병원에 가지 않아도 되었다. 그래서 남자 친구 원숭이에게 전화해서 놀러 오라고 했는데 오지 않겠단다. 언제는 자기가 없으면 죽겠다고 하더니……. 요즘 젊은 원숭이들이란 다 easy come easy go다.

03 _ **make, keep** 조련사는 자기가 만든(make) 사다리를 타고 원숭이를 잡으러 올라가다가 사다리가 시원찮아 미끄러졌다. 그 책임을 누구에게 돌릴 수도 없고 해서 온전히 자신이 가졌다(keep).

04 _ **give, take** 조련사가 사과를 몇 개 먹었느냐고 코끼리에게 물어보니 코끼리는 대답을 하지 않는다. 왜 대답을 하지 않느냐고 다그치자 코끼리 왈 '맨입으로 그냥 되나요? 주는 게(give) 있어야 받는 게(take) 있는 법인데 그것도 모르세요?' 한다.

05 _ **say, send** 존은 유학을 가서 홈스테이 하려고 하는데 그 지원서를 아직 내지 않았다. 그래서 존의 여자 친구가 존에게 그 이유를 물어보니 존은 코끼리 관광을 한 뒤에 보낸다(send)고 말한다(say).

06 _ **put, get** 존이 코끼리를 보니, 관광을 떠나기 전에 발로 땅을 파더니만 호두를 땅에 묻고(put) 있다. 왜 그럴까? 물론 나중에 찾아서(get) 먹기 위해서다.

07 _ **see, set** 기린이 멀리서 보니 리처드가 나무 위에서 뭔가를 하고 있

다. 이상해서 자세히 보니(see) 리처드가 기계를 설치(set)하고 있다. 나중에 알아보니 그것은 새를 조사, 연구하기 위한 기계였다.

08 _ turn, run 기린이 리처드와 이야기를 하기 위해 멈추어 섰더니 쌍둥이 동생이 왜 기린이 뛰어가지 않느냐고 칭얼댄다. 쌍둥이 형이 말하기를, 이제 리처드가 올라가 있는 저 나무만 한 바퀴 돌면(turn) 기린이 뛸(run) 거라고 한다.

09 _ let, have 기린 등에 타고 하는 관광이 끝나서 쌍둥이 형제는 기분이 좋았다. 그래서 형이 '야, 우리(let) 재미있는 시간을 가져 보자(have)' 라고 한다.

위의 이야기를 생각하며, 18개의 기본 동사와 앞에서 말한 의문사 9개를 책을 안 보고도 기억할 수 있도록 연습해 두어야 한다.

✴✴ 의문사와 기본 동사

who	be _ do _ come
which	go _ make _ keep
what	give _ take _ say
when	send _ put _ get
where	see _ set _ turn
why	run _ let _ have
how	
whose	
whom	

9개의 의문사와 18개의 기본 동사를 기억할 수 있으면 의문사와 기본 동사를 연결해서 문장을 만들어 보자. 혹시라도 혼자서 문장을 만드는 데 자신이 없는 사람들은 다른 영어책을 참고해서 이미 만들어진 문장을 사용해도 된다. 여기에 예문으로 문장을 몇 개 생각해 보겠다.

Who

1) Who is that guy over there?

2) Who does that work?

3) Who comes after you?

4) Who goes over there?

5) Who makes all the noise out there?

6) Who keeps all the money?

7) Who gives you this idea?

8) Who takes the heat?

9) Who says that?

10) Who sends the invitation?

11) Who puts the garbage in here?

12) Who gets all the benefits anyway?

13) Who saw you?

14) Who sets the table tonight?

15) Who turned the knob?

16) Who runs the show in your company?

17) Who let this boy go?

18) Who <u>has</u> the key to the office?

Which

1) Which one <u>is</u> yours?

2) Which <u>do</u> you prefer, the red one or the yellow one?

3) Which <u>comes</u> first, the rectangle one or the triangle one?

4) Which part <u>goes</u> to here?

5) Which proposal <u>makes</u> more sense to you?

6) Which blanket <u>keeps</u> you warmer?

7) Which one <u>gives</u> you headaches?

8) Which book should I <u>take</u> with me?

9) Which part is <u>said</u> to be broken?

10) Which one are you going to <u>send</u> tonight?

11) Which one <u>gets</u> the first box?

12) Which floor should I <u>put</u> this to?

13) Which car did you <u>see</u> this morning?

14) Which table do we have to <u>set</u> for the party tonight?

15) Which of you will <u>turn</u> this table for us?

16) Which of you will <u>run</u> for the race this time?

17) Which of you <u>let</u> the cat out?

18) Which of you will <u>have</u> dinner with me tonight?

What

1) What is your name?

2) What do you think of me?

3) What comes first next in terms of story?

4) What part goes to here?

5) What makes you say that?

6) What keeps you so long?

7) What gives you that confidence?

8) What should I take home with me this time?

9) What he said was simply not true?

10) What goes up, it comes down.

11) What did he get you this time?

12) What should I put on tonight?

13) What did you see over there?

14) What do I have to set for this event?

15) What turns him around like that?

16) What are you running for this time?

17) What let him go out?

18) What do we have here?

이런 기계적인 조합으로 좋은 문장이 만들어지는 것은 아니지만, 의문사와 기본 동사를 응용하여 책을 보지 않고 작문을 해 본다는 것은 매우 좋은 작문 연습이라고 생각한다.

✳ 3-7. 기본 50문장과 기본 동사

응용 문장을 만들고 연습함에 있어 특별히 기본 50문장을 대상으로 삼을 것을 권한다. 왜냐하면 이미 기본 50문장은 여러분의 지식이 되어 있으므로 언제든지 그 문장들을 생각해 낼 수 있기 때문이다. 앞에서 기본 50문장을 몇몇 단어들을 바꿈으로써 다른 문장으로 만들어 본 적이 있다. 그렇지만 독자 스스로 어느 정도 문법을 정리했을 것으로 생각되는 이 시점에서는 to부정사를 사용해서 기본 50문장을 응용해 보도록 하겠다.

기본 50문장 안에는 to부정사를 사용하는 문장이 여럿 있다. 이 문장에 기본 동사 18개를 대입시켜 다른 문장을 만드는 연습을 해 보자. 이것 역시 기계적인 대입이어서 모든 경우에 좋은 문장이 만들어지는 것은 아니지만 작문을 위한 연습으로는 충분하므로 열심히 해 보기를 바란다. 특히 to부정사는 형용사적, 명사적, 부사적 용법으로 사용되기 때문에 이 사용법에 익숙해지면 영어의 폭이 훨씬 넓어질 것이다.

기본 50문장 중에 부정사는 다음과 같은 문장에서 나온다.

1) I need to fix my car as soon as possible.

2) I'd like to have a Diet Coke.

3) Do you know how to cook this?

4) Feel free to call me, whenever you want to play tennis.

5) I have to make a decision by 10:30.

6) It looks like it's going to rain any minute.

7) How long will it take <u>to fix</u> it?

8) John promised <u>to visit</u> Paul's office before he leaves for Egypt.

9) Do you want me <u>to verify</u> that for you?

이 문장에 나오는 to부정사에 기본 동사를 대입해서 응용 문장을 만들어 보자. 어떤 조합은 문장이 잘 생각나지 않을 수 있다. 그런 경우는 건너 뛰고, 가능한 부분을 책을 보지 않은 상태에서 문장으로 만들어 말해 보는 연습을 하는 것이다. 처음에는 어색한 문장이 될 수 있지만 너무 문법에 신경 쓸 필요는 없다. 그것보다 우선은 문장을 만들어 말해 보는 것이 중요하다. 그리고 나중에 자신이 틀린 영어를 하는 것을 알게 된다면, 바로 그것이 여러분의 영어가 진보했다는 증거다. 영어는 말해 보지 않으면 영원히 못한다. 좀 서툰 영어라도 하기 시작하면 매번 달라지게 마련이다. 이 부정사 연습도 그런 각도에서 독자들에게 권하고 있다.

예제로 몇 문장을 만들어 보자.

I need to fix my car as soon as possible.

1) I need to be there by 10 o'clock.

2) I need to do my homework before my mom comes home.

3) I need to come here to see that show.

4) I need to go to the doctor's office with my grandma this afternoon.

5) I need to make a reservation for next month's trip to Chicago.

6) I need to keep this portion for record.

7) I need to give this to her before she goes out.

8) I need to take a picture of you while you are here.

9) I need to say this once for all.

10) I need to send this package to my father as soon as possible.

11) I need to put this away before anybody sees it.

12) I need to get some more information before I start working on this.

13) I need to see your photo ID before I let you in.

14) I need to set this thing up for the show tonight.

15) I need to turn around this table while you are here.

16) I need to run a mile a day to keep my body in shape.

17) I need to let you go this time.

18) I need to have your full support on this matter.

I would like to have a Diet Coke.

1) I would like to be here as long as you want.

2) I would like to do it for you free of charge.

3) I would like you to come down and see the result for yourself.

4) I would like to go there with you.

5) I would like to keep this as evidence.

6) I would like to make an appointment with doctor for you but you must be there.

7) I would like to give you some advice on that if you don't mind.

8) I would like to take some of those apples home.

9) I would like to say something about that if you have a minute.

10) I would like to send you a sample package if you are interested.

11) I would like to put some money to that account.

12) I would like to get some more information on the company.

13) I would like to see your contribution more often if it is possible.

14) I would like to set that for you if you let me.

15) I would like to turn this table around so that you can see the light.

16) I would like to run a mile a day to lose some weight.

17) I would like to have your honest opinion on this.

18) I would like to let your son goes this time but don't try it again.

위의 문장들은 독자 여러분이 어떻게 to부정사를 사용해서 기본 문장을 응용할 수 있는가에 대한 아이디어를 주기 위한 예제에 불과하다. 물론 기본 동사가 아닌 다른 동사를 사용해서 다른 문장을 만들 수도 있다. 이제 이런 도구가 있다는 것을 알려 주었으니 여러분이 이런 도구를 사용해서 원하는 문장을 만들어 사용하는 연습을 해야 한다. 결국 일차적으로 영어는 습관이기 때문에 자주, 많이 연습하는 사람만이 빨리 영어를 하게 되며 소극적인 자세로 임하면 학습해야 할 시간만 더 길어질 뿐이다. 일단 여기까지 잘 왔으니 이 응용 부분도 자꾸 실습하면 좋은 결과를 보게 될 것이다.

기본 동사와 의문사로 작성하는 예제 문장과 더불어 기본 문장과 기본 동사로 작성하는 예제 문장 전체는 이 책의 출판 후 기회를 보아 준비가 되는 대로 본 책의 웹사이트 www.50English.com에 올려놓겠다.

4. 실습 단계

✴ 1. 어떻게 하면 다시 영어 공부에 실패하나?

이 책으로 여기까지 공부한 사람들이 영어 공부에 실패할 수 있는 것은 단 두 가지 경우다. 영어에 대한 욕구가 없어졌거나 지금까지 알려 준 것을 연습하지 않았기 때문이라고 장담한다.

기본 문장과 회화 문장을 암기하고, 습관화하고, 응용을 할 줄 알게 되었다면 이미 독자의 영어 수준은 상당히 진보한 상태다. 그런데 이 DACE 학습법으로 공부해서 50~100개 문장을 줄줄 암기하고 좋아하던 사람들도 그 이후 영어 실력이 전혀 늘지 않을 수 있다. 실제로 미국에 연수를 와서 나를 만나 이 영어 학습법으로 공부한 학생들 중에는, 지금도 여전히 영어를 잘하는 사람들도 많지만 그렇지 못한 사람들도 있다. 지금쯤은 영어가 많이 늘었겠다 싶어 물어보면 더 이상 진전은커녕 오히려 퇴보했다는 느낌이 들기도 했다. 그 이유를 살펴보니, DACE 학습법 이후에 꾸준히 영어를 연습한 이들은 계속적인 발전을 보였고, 영어가 더 이상 늘지 않았다는 사람들은 대부분 귀국 후에 영어를 연습하지 못했다는 것이다.

그런 이유를 들어, 영어는 일차적으로 습관이라는 것을 나는 다시 한 번 강조하고자 한다. 특히 비영어권에 있는 여러분은 정말 굳은 각오로 영어를 연습해야만 한다. 반복해서 말을 연습하고 떠들어 보고 생각을 글이나 영어로 표현해 보는 습관이 결여되면 곧 제자리걸음을 하게 된다는 것이다. 그러나 비영어권에 있는 이들이 영어에 습관을 들이는 것이 어디 그리 쉬운 일이랴!

이 단원까지 잘 따라온 사람들은 뭔가 이룬 것 같고 자신감이 생기기도 하겠지만 아직 마지막 고비가 남아 있다. 이 마지막 고비란 이제까지 공부한 것을 다른 사람에게 전할 수 있도록, 자신의 지식을 정리해 보는 것이다.

'다른 사람에게 가르칠 수 없는 지식은 지식이 아니다' 라는 말에 근거해서, 지금까지 공부한 내용을 책을 보지 않고도 다른 사람들에게 가르칠 수 있는가를 테스트해 보라. 만일 그렇게 할 수 없다면, 지금 느끼는 성취감과 자신감은 모래 위에 지은 성에 불과하다. 만일 이 책의 내용을 다른 사람에게 가르칠 수 없다면 얼마 후에는 지금 영어로 줄줄 말할 수 있는 100개 문장조차 못하게 될지도 모른다.

나는 여러분이 이처럼 고생해서 공부한 기본 100개 혹은 200개의 문장이 수포로 돌아가는 것을 원치 않는다. 여러분이 비영어권에 살면서 영어를 정복하는 길은 이 책을 다 공부한 뒤에도 계속해서 영어를 연습해 습관화시키는 길밖에는 없다. 그래서 이 단원에서는 이 책의 내용을 다른 사람들에게 가르쳐 보길 권하고 있는 것이다. 다른 사람에게 영어를 가르치면 다음과 같은 이점이 있어 무엇보다도 먼저 자신의 영어 실력이 향상된다.

1) 이 책의 내용을 가르치기 위해서는 자신이 먼저 적어도 100개 문장 정도를 술술 영어로 말할 수 있어야 한다.

2) 다른 사람을 가르치는 동안 여러분은 영어를 계속하게 된다. 영어를 계속하면 할

수록 영어 실력은 점점 늘게 된다.

3) 1시간을 가르치기 위해서 가르치는 사람은 2시간 이상을 준비해야 한다.

4) 영어 때문에 고민하는 사람들에게 영어를 효과적으로 할 수 있는 방법을 알려 주었을 때 상대방이 고마워하면 여러분의 기분이 좋아지면서 영어 학습 능률이 올라가게 된다.

무엇보다 여러분의 영어 실력 향상을 위해서 다른 사람에게 영어 학습 방법을 가르치기를 권한다.

여기에 소개한 방법은 영어를 가르치기 위한 것이라기보다는, 영어를 어떻게 하면 되는가에 대한 영어 학습법을 나로부터 배워 다른 사람에게 가르치는 것이니 그다지 부담을 갖지 않아도 된다. 또 최악의 경우 다른 사람을 가르치지 못했다 해도, 이 실습 단계를 실행해 봄으로써 자신이 어느 정도 이 책의 내용을 소화하였는지를 점검할 수 있는 계기가 될 것이다.

✳ 2. DACE 학습법의 복습

DACE 학습법을 다른 사람에게 가르치기 위해서는 다음과 같은 기본적인 내용을 자신이 확실하게 알고 있는지를 확인해 보고 복습해야 한다. 만일 다음의 것을 확실하게 알지 못하면 그 단원으로 돌아가 복습하고 내용을 음미해 봄으로써 책을 안 보고도 설명할 수 있도록 노력해 보자. 설명에 앞서 자신이 먼저 그 설명을 확실하게 이해하고 있는가를 차분히 음미해 보기를 바란다. 다음에 나오는 부분은 실제로 강의해도 좋고 강의를 해 나가면서 간간이 강의에 삽입해도 좋다. 그러나 여러분이 다른 사람에게 설명할 때 이 내용을 굳이 말하지 않는다 해도, 여러분은 이것을 반드시 이해하고 있어야 한다.

A) 우리는 왜 영어를 못하는가?

B) DACE(Divide and Conquer English) 학습법의 5단계는 무엇인가?

C) 왜 문장을 기억해야 하나?

D) 왜 순서대로 기억해야 하나?

E) 상자와 병뚜껑 이야기는 무엇을 말하는가?

F) 상자와 병뚜껑 이야기와 암기법과의 관계는?

G) 다섯 장의 그림 내용은 무엇인가?

H) 50개의 그림 주소란 무엇을 말하는가?

I) 그림과 숫자 주소를 몰라도 이 DACE 학습법을 배울 수 있는가?

J) 그림을 알면 주소를 알 수 있다는데, 어떻게 하는 것인가?

K) 주소를 알면 그림을 알 수 있다는데, 어떻게 하는 것인가?

L) 50개의 그림에 나오는 대상들의 특성은 무엇인가?

M) 50개의 그림에 나오는 이야기는 무엇인가?

N) 기본 50문장을 역순으로 말할 수 있는가?

O) 기본 50문장과 회화 50문장은 어떤 관계인가?

P) 기초적인 발음 교정을 위해서 암기된 문장을 얼마나 연습해야 하나?

Q) 기초 발음 교정을 위해 조심해야 할 8개의 발음은 무엇인가?

R) 통역 연습을 하는 방법에 대해서 말해 보자.

S) 파트너가 없을 때 어떻게 연습하는가?

T) 기초적인 응용 문장은 어떻게 만드는가?

U) 기본 50문장을 통해서 공부할 수 있는 영문법의 16개의 고리는 무엇인가?

V) 영문법의 용어와 용법을 간단하게나마 책을 안 보고 설명할 수 있는가?

W) 기본 동사는 무엇이며 어떻게 암기할 수 있는가?

X) 아홉 개의 의문사와 기본 동사로 응용 문장을 만든다는 것은 무엇인가?

Y) to부정사와 기본 문장을 통해서 만들 수 있는 응용 문장이란 무엇인가?

✳ 3. DACE 학습법 강의

위의 내용을 책을 안 보고 설명할 수 있으면 이 책의 내용을 충분히 소화한 것이다. DACE 학습법을 다른 사람들에게 가르치기 위해 처음에는 아주 쉽게 다음과 같은 것을 강의 목표로 삼도록 하자.

1) 영어는 습관이다. 패턴 문장을 암기해서 반복 연습함으로써 습관을 만든다.

2) 기본 50문장에 대한 해석과 작문

3) 상자와 병뚜껑 이야기

4) 50개의 그림 설명

5) 50개의 그림에 연결되어 있는 암기법 이야기

6) 기본 50문장의 암기

7) 기본 50문장에 대한 시범과 연습

위의 7가지만 잘 설명해도 청취자는 기본 50문장을 암기할 수 있게 된다. 다음은 위의 내용을 어떻게 진행시킬 것인지 강의 내용에 관한 아이디어를 제공하기 위해서 간략하게 강의 계획을 적어 본 것이다.

1) 강의 시간 : 4~6시간

2) 대상 : 중학교 2~3학년 수준의 정규 영어 교육을 받은 이들 중 영어에 대한 욕구가 있는 사람(4명 정도)

3) 준비물 : 작은 상자와 1, 2, 3, 4라고 적힌 병뚜껑 네 개

4) 교재 : 본 책《50 English》

5) 전화나 TV 등이 강의를 방해하지 않도록 함

6) 강의는 두세 번에 걸쳐 2시간씩 함

✳✳ 첫 번째 강의의 요지

영어는 습관이다. 습관은 반복 없이는 생기지 않는다. 반복해서 연습을 하지 않아도 된다는 사람이 있으면 손을 들어 보라. 습관은 반복 없이는 절대 안 된다.

영어 책을 죽어라 파고들어 공부한다고 해서 그 책에 나오는 문장을 모두 영어로 말할 수 있는가? 아마도 못하는 경우가 대부분일 것이다. 책을 읽고 공부할 때는 다 알 것 같은데 막상 책을 덮으면 앞이 깜깜해지는 게 우리가 겪는 공통적인 경험이다. 그렇기 때문에 반복해서 연습을 못하는 것이다. 영어 문장이 생각나지 않으니까 반복해서 연습을 못하게 되고, 반복해서 연습을 하지 못하니까 영어가 습관화되지 않고 그래서 결국 영어를 못하게 되는 악순환을 되풀이한다. DACE 학습법은 이런 문제를 해결하였다. 학습자로 하여금 기본 50문장을 암기하게 하고 그 문장을 반복 연습하게 함으로써 영어를 시작하고 정복하도록 하는 학습법이다.

내가 문장을 영어로 말해 볼 테니 여러분들이 가지고 있는 문장과 비교해 보라. 5번 If it is possible, I'd like to have a Diet Coke. 6번 Whose cellular phone is this anyway? 12번 I feel sick to my stomach. 34번 How much did you pay for that? 35번 How do you open this door? 40번 John promised to visit Paul's office before he leaves for Egypt. 41번 Let me know when she comes in. 42번 Why don't you give her a call and remind her that I'll stop by around 9.

지금 내가 암기한 것은 내 머리로 한 것이 아니라 어떤 기술을 이용한 것이다. 내 강의를 들으면 여러분도 나와 같이 영어로 50문장을 줄줄 외울 수 있고, 그것으로 시작해서 회화 문장과 문법 등을 공부할 수 있다.

우리는 왜 아무리 공부해도 책만 덮으면 깜깜해져 아무 말도 못하는 것일까? 그것은 여기에 있는 상자와 병뚜껑 네 개로 실험을 해 보면 곧 알게 될 것이다.

〈학생들 앞에서 '병뚜껑 실험'을 한다. 첫 번째 실험에서는 원하는 병뚜껑을 꺼내 오지 못했지만 두 번째 실험에서는 눈을 감고도 원하는 병뚜껑을 꺼내 올 수 있었음을 상기시킨다.〉

영어책을 무작정 공부하는 것은 이 첫 번째 실험처럼 무작위로 병뚜껑을 집어넣는 것과 같다. 영어 문장을 반복적으로 연습해서 습관이 되게 하려면 우선 기본 50문장을 기억해야 한다. 앞의 실험에서 네 개의 병뚜껑을 넣었다 꺼내 올 수 있도록 하기 위해서 네 개의 모퉁이가 필요했고 그 모퉁이에 1, 2, 3, 4라고 번호를 지정했다. 문장을 기억하려면 이 상자와 같이 기억해 둘 장소를 만들어 주어야 한다.

사람이 잘 기억하는 그림으로, 상자 모퉁이와 같은 역할을 하는 것을 50개 만든다. 그리고 그 그림으로 된 모퉁이에 가상으로 숫자를 지정해서 앞의 실험에서 사용된 상자와 같은 환경을 머리 속에 만드는 것이다. 기본 50문장을 기억하기 위해서는 먼저 이 50개의 그림과 그림의 제목을 잘 알아야 한다. 그림이 5장이 있는데, 1장의 그림 안에는 3개의 그림이 왼쪽, 가운데, 오른쪽에 있다. 그림을 잘 보도록 하자.

〈5장의 그림이 기억되도록 5~10분 간의 시간 여유를 준 후 테스트를 한다.〉

그림을 잘 보았는가? 이제 눈을 감고 내가 묻는 말에 대답해 보자. 동물
원 그림의 왼쪽에는 무엇이 있는가? 동물원 그림의 오른쪽에는 무슨 그
림이 있는가? 그러면 동물원 그림의 가운데에는 무엇이 있는가? 코끼리,
맞다.

〈이와 같이 5장의 그림을 다 테스트해서 학생이 5장의 그림을 이해하면 각 그림의
숫자 주소를 알려 주어서 1) 어떤 그림이 어떤 주소인지, 2) 어떤 주소가 어떤 그림
인지를 쉽게 연결시킬 수 있도록 한다.〉

상자 실험에서 각 모퉁이마다 1, 2, 3, 4번을 지정했던 것처럼 각 그림에
주소를 정해 본다. 어느 모퉁이가 어느 주소인지를 알아야 50개의 문장
을 그림에 넣은 뒤 원하는 번호의 문장을 찾아올 수 있기 때문이다. 그림
에 주소를 정하는 것은 간단하다. 각 그림의 상, 중, 하를 잡아 일련번호
를 동물원, 테니스, 황혼, 목마름, 일기 예보 등의 각 그림에 지정한다. 각
그림은 0번부터 49번까지 주소를 갖게 된다. 각 그림에는 일정한 주소가
있는데, 이것은 이 그림의 끝자리 수이며 각 그림의 10의 자리 수는 그림
의 제목을 나타낸다. 각 그림의 제목은 0, 10, 20, 30, 40의 영어 발음과
비슷하게 만들어져 있다. 즉, 동물원은 zoo이며 zero에 가깝고, 테니스
는 tennis인데 ten이란 숫자에 발음이 가까워서, 여러분이 그림의 제목
을 영어로 떠올리는 순간 곧 10의 자리 수가 생각나게 되어 있다.
예를 들면 코끼리의 등은 끝자리 수가 5다. 그리고 10의 자리 수는 zoo,

zero(0)이므로 5다. 그러나 테니스 선수의 머리는 끝자리 수가 7이며 10의 자리 수는 tennis, ten(10)이므로 17이며, 34번은 자동 판매기 위의 친구 동생이다.

〈각 그림의 주소를 익히도록 10~20분의 시간을 주고 복습 테스트를 해 본다.〉

이 부분이 잘 안 되면 기본 50문장을 자유롭게 암기할 수 없으므로 시간을 충분히 주고 이해하도록 해야 한다. 질문이 있는가? 그림과 주소에 관해서 모두 확실하게 이해되어야 한다. 첫 번째는 그림을 보면 그 그림이 무슨 주소인지를 알아야 하며, 두 번째는 주소를 보면 그 주소에 해당하는 그림이 무엇인지를 알아야 한다. 이것을 제대로 하지 않으면 DACE 학습법이 잘 진행되지 못할 것이다.

그림을 보고 주소를 말하는 것은 우선 그 그림이 속한 큰 그림이 무엇인지를 알고 그 그림의 제목을 아는 것이다. 그 그림의 제목이 바로 그 주소의 10의 자리 수이기 때문이다. 그 그림의 끝자리 수는 그것이 큰 그림 안의 어디에 위치해 있는지를 알면 된다. 그림의 맨 왼쪽 부분은 1에서 시작한다. 중간 부분은 4에서, 오른쪽 부분은 7에서 시작한다.

반대로 주소를 보고 그림을 아는 것은 주소를 10의 자리 수와 끝자리 수로 나눠 보면 쉽게 알 수 있다. 예를 들어 주소가 48번이라면 48을 40+8로 나누는 것이다. 그 다음에 40은 Forty(40)이므로 일기 예보 그림을 생각하고 끝자리 수에 해당하는 그림의 위치를 떠올린다. 8은 오른쪽의 가운데 부분 그림을 말한다. 이렇게 해서 그림으로부터 주소를, 주소로부터 그림을 찾아내는 연습을 확실히 해 두면 50문장을 기억하는 데 많은 도움이 된다.

〈그림으로부터 주소를, 주소로부터 그림을 알아내는 연습과 테스트를 5~10분 정도
한다.〉

위의 상자 실험에서 네 개의 병뚜껑을 상자 안에 넣었다가 상자의 안을
보지 않고 우리가 원하는 병뚜껑을 찾을 수 있었는데, 50문장을 기억했
다가 기억해 내는 것은 어떻게 하는지를 살펴보도록 하겠다. 우리가 그
림을 가지고 문장을 기억해 두는 방법은 기억하고자 하는 문장의 내용과
기억해 두고자 하는 장소, 즉 그림과 연관되는 이야기를 통해서다. 예를
들면 우리가 기억하고자 하는 문장 1번은 I need to fix my car as soon
as possible.이다. 이 내용과 원숭이의 그네를 연결하는 이야기를 만들
어, 그림과 기억하고자 하는 내용을 연결시켜 붙들어 매는 것이다. 이렇
게 생각을 해 보자. 즉, 그네에 여자 친구가 앉아서 한숨을 쉬고 있다. 그
래서 그녀에게 다가가서 묻는다. "왜 그러니? 무엇이 문제야?" 했더니 그
녀가 나를 쳐다보면서 "내 차가 또 망가졌어. 난 그 차를 가능한 한 빨리
고쳐야 해"라고 말했다고 생각하는 것이다. 이렇게 이야기를 만들어 냄
으로써 그네를 보면 여자 친구를 생각하고, 그 여자 친구가 말했던 "나는
가능한 한 빨리 내 차를 고쳐야 해"라는 말을 기억하게 되며, 그것은 영
어로 I need to fix my car as soon as possible.이라는 것을 기억하게 되
는 것이다.
이미 기본 50문장과 그림 50개의 위치를 연결시킨 이야기가 마련되어
있으니 여러분은 그 이야기를 듣고 이해만 하면 된다. 그렇게 어렵지 않

을 것이다. 우선 그림을 따라 한국어로 50문장을 암기해 보도록 하자.

〈기본 50문장을 한국어로 받아쓰게 한 뒤 기억하도록 한다. 이때 가르치는 사람은 노트를 보지 않고 학생들에게 기본 50문장의 한국어 내용을 불러 줄 수 있도록 준비가 되어 있어야 한다. 수업을 마치고 숙제로 이야기를 읽어 오도록 한다.〉

〈이쯤 되면 기본 50문장을 한국어로 암기하는 연습이 가능하다. 가르치는 사람이 먼저 시범을 보인 뒤 학생들로 하여금 따라 하도록 하여 기본 50문장을 한국어로 완벽하게 암기시킨다.〉

영어로 이 문장을 암기하는 것은 앞에서 말한 바와 같이 숙제다. 한국어로 암기할 수 있는 것을 영어로 하는 것은 문장 하나하나를 작문해 보면 알게 된다. 문법에 강한 사람들은 영작을 하고 그 부분이 약한 사람들은 우선 문장을 암기해야 한다. 기초가 약한 사람들은 시간이 걸리겠지만 충분히 할 수 있는 일이다.

〈영어 문장을 0~9, 10~19, 20~29, 30~39, 40~49 단위로 나누어 인도해 가면서 학생들이 잘 따라오도록 격려한다. 가르치는 사람이 먼저 암기한 뒤 학생들에게 큰 소리로 따라 하도록 한다. 가르치는 사람은 수업 시간 전에 30번 이상 혼자서 연습을 한다. 앞에 학생들이 있다고 생각하고 강의를 하듯 영어로 문장을 암기하며 강의 연습을 한다. 어떤 사람은 30번 이상 해야 할지도 모르고 또 어떤 사람은 10번 정도만 해도 될지도 모르나, 적어도 30번 정도는 혼자 강의를 해 보아야 학생들 앞에서 바르게 가르칠 수 있다. 그리고 바로 이 연습 과정이 여러분의 영어 실력을 진보시킬 것이다. 때로는 연습을 많이 했음에도 불구하고 생각이 안 날 때가 있다. 그런 경우엔 너무 두려워하지 말고 학생들에게 물어보도록 한다. 만일 38번이 잘 생각나지 않으면 38번이 무엇이지요?라고 물어보자. 학생들도 여러분이 전문가가 아닌 것을 아니까 별 문제가 없을 것이다. 50번까지 여러분이 성공적으로 가르쳤다면 바로 그것이 여러분의 영어가 그만큼 향상되었다는 증거다.〉

기본 50문장을 암기했다는 것은 곧 영어 공부를 할 준비가 끝났다는 것이다. 이 기본 50문장을 자투리 시간을 사용해서 가능한 한 많이 반복하되 적어도 10번은 해야 한다. 우리의 혀가 영어에 익숙하지 않기 때문에 영어가 서툰 것이다. 영어로 연습하지 않으면 100퍼센트 실패하게 된다. 아침에 일어나 샤워하면서, 길을 걷거나 전철과 버스 속에서, 어디서나 자투리 시간이 있을 때마다 몇 개의 문장이라도 중얼거리며 암기하자. 다른 사람들로부터 '미친놈 같다' 라는 말을 들을 때까지 하자. 그러면 밤에 꿈을 꾸며 잠꼬대로 I need to fix my car ……라고 할 때가 올 것이다. 그렇게 되면 여러분의 기분이 좀 좋아질 것이다. 왜냐하면 이 방법으로 하면 영어를 실제로 할 수 있기 때문이다.

이렇게 하루에 수십 번씩 연습하다 보면 영어 발음이 조금씩 고쳐진다. 기회가 닿는 대로 카세트테이프를 들으면서 따라 하되 특별히 다음 8개의 발음에 조심한다. p, b, m, f, v, l, r, th 발음은 아주 많이 쓰이면서도 우리가 발음하기 힘든 부분이다. 암기한 기본 50문장을 연습할 때 이런 부분에 특히 신경 써서 한다. 입술을 모두 붙일 때와 입술을 모두 붙이면 안 되는 경우, 혀를 입천장에 붙이는 것과 혀를 꼬부려 내는 것 등을 생각해 가면서 연습한다. 한 달 정도만 발음 연습을 하면 혀가 가벼워지는 것을 느끼게 될 것이다.

앞에서 본 바와 같이, 기본 50문장을 연습하면서 한 가지 더 해 볼 수 있는 것은 이 기본 50문장은 패턴 문장이기 때문에 단어만 갈아 끼우면 다른 환경에서 사용할 수 있다는 것이다. 단어를 갈아 끼워 응용하면 곧 200문장 정도는 스스로 영작할 수 있다. 또 책에 나와 있는 회화 50문장은 기본 50문장과 짝을 이루는 것이므로 기본 50문장만 암기하면 그 부분도 쉽게 말할 수 있게 된다. 나머지는 책을 따라가면 된다.

✳ 4. 영어로 강의할 수 있다면

위의 DACE 강의를 몇 번 하다 보면 강의의 내용이 저절로 암기된다. 강의하는 스타일도 생기고 요령도 생기며 문장을 암기하는 것에도 아주 익숙해지게 된다. 가르칠 수 있는 지식을 갖게 되는 것이다. 한국어로 강의하는 것이 익숙해진 사람들이 가질 수 있는 최고의 선물은 이 내용을 영어로 강의해 보는 기회를 스스로 만들어 보게 된다는 점이다. 물론 쉬운 것은 아니다. 그러나 불가능한 것도 아니다.

이 방법을 처음 배우고 강의를 시도하는 사람들에게 영어 실력을 향상시키기 위한 다음과 같은 제안을 해 본다. 처음부터 끝까지, 전체를 영어로 강의하는 것은 아무래도 힘에 부치는 일이므로 처음에는 기본 50문장을 암기하는 부분만을 영어로 해 보는 것이다. 이미 기본 50문장은 암기가 되어 있고 그림과 이야기 부분은 한국어로 숙달이 되어 있는 상태이므로 그 이야기를 영어로 말하기만 하면 된다.

예를 들면 1번의 영어 강의는 다음과 같이 하면 된다. 처음에는 암기 노트를 요약해서 기억하고, 쉬운 대화로 다음과 같이 시작한다.

In the first picture, the number 1 is a swing. What do you see on that swing? That's John's girl friend. Right? The story goes like this.

John's girl friend wasn't feeling well and looked depressed.

John asked her, "What's wrong? What's bothering you now?"

She said, "My car broke down over there this afternoon and I need to fix my car as soon as possible."

John said, "Is that the reason why you are so depressed? Come on, that's no problem. I will help you."

"How can you help me? You are not mechanic."

"I know that stuff. I have been work on cars for last three years. Don't worry about it. I will take care of it as soon as we go home. Are you happy now?"

"Oh, John. You are a lifesaver. I really appreciate for your help. Thanks!"

"Oh, don't mention it. I am going to send you a bill."

이 책의 최고의 목표는 이것을 공부한 사람들이 결국은 영어로 1시간 혹은 2시간 정도 강의하거나 말할 수 있도록 훈련시키고 준비시키는 것이다. 여기에 관심 있는 사람들은 먼저 한국어로 강의를 연습하고 인터넷 웹 사이트 www.50English.com 게시판에 연락을 주면 영어 강의에 대한 정보를 알려 주도록 하겠다.

이 학습법이 반향을 얻게 되어 웹사이트에 일정 규모의 커뮤니티가 형성되면, 그들을 대상으로 〈50English 경시 대회〉를 개최하여, 입상자에게는 미국 산타바바라 ESI에서 영어 연수를 받을 수 있는 상품을 주고자 한다. www.50English.com에서 경시 대회에 관한 공지 사항을 참고하길 바란다.

5. 적응 단계

영미 문화가 영어에 미치는 영향은 지대하다. 영어를 배울 때는 영미 문화와 같이 배워야 한다. 왜냐하면 언어란 그들의 일상 생활과 밀접하게 연결되어 있기 때문에 언어 속에 문화가 깃들여 있다고 해도 과언이 아니기 때문이다. 나는 언어 연수를 위해 미국에 오려고 하는 사람들에게 준비를 철저히 할 것을 강조한다. 그렇지 않으면 분명 비효율적인 영어 연수가 될 게 뻔하기 때문이다. 물론 이런 비효율적인 경우에도 미국에서 한 1년 정도 체류하다 보면 영미 문화를 배우게 되므로 그 자체가 중요한 학습이 될 수 있다.

그러나 기본적인 언어가 잘 준비된 상태에서 연수를 온다면 영미 문화를 배우는 데 있어서도 더욱 효과적일 것이다. 많은 부모들이 조기 유학 문제를 놓고 고민을 한다. 조기 유학에 대해서는 일장일단이 있기 때문에 단정적으로 말하긴 곤란하지만, 한 가지 분명하게 권할 수 있는 것은 영화로 영미 문화를 배우는 방법에 관해서다. 조기 유학을 계획하는 것과 관계없이, 영어를 배우려는 모든 사람들은 영미 문화에 친숙해지는 것에 대해 깊이 고려해 볼 필요가 있다. 특히 영미 문화 적응 단계는 DACE 학습법의 최종 단계로서, 이 단계를 거침으로써 비로소 여러분은 DACE 학습법을 모두 밟게 되는 것이다.

영미 문화 적응은 어느 정도 끈기와 자기 절제를 필요로 하는 문제이므로 아주 어린 학생들에게는 가능 여부를 장담할 수 없으나 중학생 정도가 되면 한 번쯤은 반드시 실행해 볼 것을 권한다.

우선 비디오나 CD로 된 영화를 선정한다. 영어를 배우기 위한 것이므로 특수 효과가 많은 영화는 피하는 게 좋다. 그리고 이왕이면 배우들의 발음을 잘 들을 수 있는 그런 영화 비디오가 좋다. 또 자주 반복해서 보아야 하므로 자신이 좋아하는 영화를 선택하는 것이 좋다. 나는 독자들에게 <You've Got Mail>(1997, Tom Hanks · Meg Ryan 주연)을 권하겠다.

영화로 영어를 공부하는 것, 특히 문화를 공부하는 것은 오래 전부터 좋은 학습 방법으로 알려져 왔다. 영미 문화권 안에서 주로 그들을 위해 만들어지는 영화 안에는 미국의 모든 문화가 생생하게 살아 있다. 따라서 미국에 연수를 못 오는 경우나 연수를 앞두고 이런 방법으로 준비를 해두면 좋다. 요즘은 특히 영화 CD가 많이 나와 있어서 컴퓨터를 사용하여 영어 공부를 할 수 있다.

영화로 영어 공부를 한다니까 학생들은 영화를 많이 보는 것으로 착각을 한다. 물론 영화를 많이 보는 것이긴 하지만 내가 소개하는 이 방법은 같은 영화를 여러 번 반복해서 보는 것이기 때문에 영화관에 가는 그런 기분은 아닐 것이다. 최소한 영화 한 편이나 두 편 정도는 그 내용을 완전히 마스터해서 그 영화의 주인공이 되어 보자. 그 영화에 푹 빠지는 것이다. 주인공이 어떻게 행동하는지, 어떻게 말하는지, 어떤 제스처를 쓰는지 등에 대해서 관찰하고 따라 해 보자. 미국 아이들은 영어를 배울 때 부모나 다른 사람의 흉내를 내며 배운다. 그러나 비 영어권에 사는 우리는 영화를 친구 삼아서 영어를 배우려는 것이다.

영화는 원래 한 발짝 떨어져서 객관적으로 보아야 바르게 보는 것이지만, 영어 공부를 할 때는 영화를 주관적으로 보아야 한다. 주인공이 아프면 나도 아프다고 느끼면서 따라 해 본다. 주인공이 운전할 때는 나도 같이 운전한다. 주인공이 회사에서 사장이 되어 직원들에게 명령할 때는 나도 사장이 되어 직원들에게 명령한다. 주인공이 사랑하는 사람을 떠나보내면 나 또한 그 아픔을 느끼며 그 한 마디 한 마디를 따라 해야 한다. 어느 정도 실력이 쌓이면 영화처럼 좋은 영어 학습 자료가 없음을 알게 될 것이다. 다음은 영화 비디오를 이용해서 영미 문화에 적응하는 실제적인 방법을 적은 것이다.

1) 우선 한국 대사든지 아니면 자막을 보고서라도 전체적인 분위기와 내용을 알아야 한다. 한글 자막과 영어 자막을 자유로이 바꿀 수 있는 시스템을 갖춘 전자 제품을 활용하면 좋다. 인터넷에 들어가면 영화의 영어 대사가 많이 올라와 있다. 그것을 다운로드 받아서 프린트해 두면 좋은데, 양이 꽤 되는 점을 고려해야 한다.

2) 일단 전체적인 영화의 내용이 들어오면 영어 대사를 익힌다. 대사를 따라 하며 눈으로는 자막을 확인한다. 처음에는 그게 무슨 소리인지 모르던 단어들도 서너 번 듣고 나면 '이게 이 소리구나' 하는 것을 알게 된다. 보면서 따라 하는 것을 적어도 대여섯 번 정도 한다.

3) 스크린에서 잠시 눈을 떼어 소리만 듣고도 대사가 들어오는지 본다. 이런 훈련을 여러 번 하는데, 그때마다 스크린을 안 보는 시간을 점점 늘여 나간다. 안 보고도 스크린이 눈에 선하게 될 것이다. 스크린을 안 보면서 따라 할 수 있는가? 나중에는 정확하게는 아니더라도 영화에서와 같은 기분으로 대사를 흥얼거리게 될 것이다.

4) 이제 그 영화의 소리를 카세트테이프에 녹음하든지 사운드만 나와 있는 테이프가 있으면 그것을 구입한다. 사운드만 듣고 그 대사를 따라 해 본다. 그 영화의 대사가 영어로 듣고 다 이해될 뿐 아니라 영어 대사를 따라 할 수 있을 정도가 될 때

까지 수십 번 반복해서 한 영화를 끝내도록 한다. 이 한 영화가 끝날 정도가 되면 정말 영어가 많이 늘어 있음을 알게 될 것이다.

5) 나는 〈You've Got Mail〉을 교재로 사용할 수 있게 하기 위해서 대화만을 추출한 교재를 준비하고 있다. 이 영화는 폭력이나 특수 효과 등이 없고 대사로 이어지는 부분이 많아서 영어 공부를 하는 데 좋다. 물론 독자가 배우를 좋아하면 효과는 배가된다. 한두 번 보고 그만둘 것이 아니므로 배우와 줄거리 등에 싫증이 나지 않는 영화를 고르는 것이 중요하다.

6) DACE 학습법은 기본 50문장 패턴을 넘어서면 그 다음에 이어지는 50번부터 99번까지의 제2의 기본 50문장과 그에 대한 회화 50문장, 영문법, 영어 강의 등과 아울러 〈You've Got Mail〉 등의 영화 대사 공부로 이어진다.

이것이 여러분이 비영어권에 살면서 짧은 기간 동안에 어떻게 영어를 습관화시키는지에 대한 DACE 학습법이다. 이 책으로 공부하는 여러분들의 건투를 빈다. 이 책에서 지시한 대로만 따라오면 3~6개월 정도 후에는 기초 영어에 자신을 갖게 될 것이다. 이 책이 여러분에게 효과적이었다면 www.50English.com 사이트에 들어와서 학습 소감을 남겨 주기 바란다. 그러면 여러분 뒤에 이 책을 시작하는 사람들에게 많은 도움이 될 것이다.

이 기본 50문장이 끝나면 그 다음은 무엇을 해야 하는가 하고 질문하는 사람들이 있다. 사실 내가 개발한 DACE 학습법은 0번부터 99번까지 총 100개의 기본 문장으로 구성되어 있다. 이 책에 소개한 것은 0부터 49번까지, 총 50문장이었다. 물론 100개의 문장을 한꺼번에 소개할 수도 있지만, 우리의 학습 방법은 Divide And Conquer, 즉 쪼개고 나누어 정복하는 학습법이다. 따라서 처음 시작하는 단계에서는 기본 50문장으로도 충분한 트레이닝이 된다고 판단했다. 처음 기본 50문장을 완벽하게 마스터 하고 강의 실습이나 영화 감상까지 적극적으로 해내는 독자들을 위해, 속편에서 50번부터 99번까지의 문장을 자세히 소개할 것을 약속한다.

나머지 50번부터 99번까지 문장을 담은 책의 출판에 대해 궁금하신 분들은 www.50English.com을 방문하면 정보를 얻을 수 있는 것이다. 또 기본 50문장 영어 콘테스트나 산타바바라 지역으로의 영어 연수에 관심이 있는 분들도 방문하면 자세한 안내를 받을 수 있을 것이다.

좋은 책으로 아름다운 세상을 디자인하는

디자인하우스의 어학 도서 안내

디자인하우스는 삶의 질을 향상시키는 세상에 꼭 필요한 책만을 만듭니다.

디자인하우스

더 이상 유명할 수는 없다

오리 선생 한호림의 꼬리에 꼬리를 무는 어학책 시리즈

✚✚ UPDATED 꼬리에 꼬리를 무는 영어

480쪽 / 값 9,000원

할아버지부터 초등학생에 이르기까지 전국민의 전폭적인 지지를 받아 온
초특급 베스트셀러! 일본과 중국으로도 번역 수출됨으로써
명실공히 세계인이 즐겨 읽는 자랑스런 영어책이 되었다.

✚✚ 꼬리에 꼬리를 무는 영어 2

370쪽 / 값 10,000원(스프링 노트형 값 13,000원)

슬슬 책장만 들쳐 봐도 솔솔 재미난 영어 상식이 가득!
영어권 나라의 재미난 역사와 갖가지 문화를 쏙쏙 골랐다.
영어 실력은 물론 보는 재미, 읽는 재미까지 더한 무지무지 희한한 영어책!

✚✚ 주니어 꼬리에 꼬리를 무는 영어 1 · 2

전2권 / 각권 272쪽 / 각권 값 8,500원

중고등학생들을 위해 탄생한, 한 단어만 알면 열 단어를 꿰뚫는
10점 슛 영어! 일단 꼬리를 잡는 방법만 터득하면 학교에서 배우는
영어 단어들이 신기하게도 머리 속으로 쏙쏙 들어온다.

✚✚ Children's 꼬리에 꼬리를 무는 영어 1 · 2 · 3

전3권 / 올 컬러 / 각권 값 10,000원(각권 당 카세트테이프 2개 포함)

초등학교 어린이들을 위한 신나는 영어 공부책! 원색 그림책을 보듯
세계를 돌아다니며 찍은 사진이 가득 들어 있는 이 책은 어린이들이
영어와 쉽게 친해질 수 있도록 만들어 주는 유익하고도 알찬 선물이 될 것이다.

더 이상 재미있을 수는 없다

디자인하우스의 영어 스테디셀러

✚✚ 꼭 알아야 할 English Rules 250

이상빈 · 이브 로스만 지음 / 340쪽 / 값 7,500원
촌스럽고 말도 안 통하는 콩글리시 완전 박멸! 영어 잘한다고 소문난
한양대 이상빈 교수와 한국의 대학에서 영어를 가르쳤던 푸른 눈의 변호사
이브가 만나 3년 동안 머리를 맞대고 써낸 토종 한국인을 위한 영어책!

✚✚ 귀가 뻥 뚫리고 혀가 확 꼬부라지는 영어

강홍식 지음 / 312쪽 / 값 10,000원(카세트테이프 2개 포함)
12년 경력의 AFKN 강사가 몰래 털어놓는 발음과 청취에 대한 획기적인
훈련 비법! 스쳐 지나가던 영어가 귀에 와서 콕콕 박히게 되는 비결과
촌스런 영어 발음이 버터를 바른 듯 술술 나오는 요령이 모두 들어 있다.

✚✚ 뻥 뚫렸으면 술술 받아써라

강홍식 지음 / 272쪽 / 값 15,000원(카세트테이프 2개 포함)
중급 이상을 대상으로 만든 본격적인 뉴스 청취 학습서! 총 80개의 AP news 받
아쓰기 훈련과 뉴스 청취 도사들만 아는 예측 히어링 비법, 뉴스 영어에 반드시
나오는 필수 idiom 등, 뉴스 청취의 모든 것을 정리해 놓았다.

✚✚ 영어의 대륙에 깃발을 꽂아라

하광호 지음 / 216쪽 / 값 12,000원(별책 부록 · 카세트테이프 2개 포함)
미국에서 미국인 영어 교사들을 가르치는 토박이 한국인 박사 하광호 교수가
초등학생 수준으로 개발한 영어 정복의 비결. 재미있는 영작문과 함께
듣기 · 읽기 · 말하기까지 한꺼번에 익히는 총체적인 학습 방법을 제시한다.

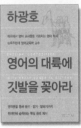

더 이상 꼼꼼할 수는 없다

국내 최대의 인터넷 영어 학원 winglish.com의 영어 학습서!

✛✛ 어라? 나도 영어 회화가 되네?

332쪽 / 값 11,000원(카세트테이프 2개 포함)

국내 최대의 사이버 영어학원 winglish.com 인기 1위 강좌의 막강한 콘텐츠를
한 권의 책에 모두 담았다. 펄펄 살아 숨쉬는 영어 표현 150개와
필수 기본 단어 400개의 변화무쌍한 용례를 익힐 수 있는 최첨단 영어 회화책!

✛✛ 어라? 나도 고급 영어가 되네?

296쪽 / 값 7,500원

영어에도 정도(正道)가 있다! 영자 신문을 술술 읽고, 영어 표현의 미묘한
뉘앙스까지 알아낼 수 있다면 당신은 영어 도사! 영어 무림 고수를 지향하는
대한 강호의 열혈 남녀를 위한 원글리쉬의 영어 정복 9주 플랜.

✛✛ 어라? 나도 영어 작문이 되네?

스프링 노트형 / 276쪽 / 값 8,800원

한국인들의 취약점을 분석한 본격 영작 연습장. 원글리쉬닷컴의 유료 강좌
회원들이 제출하는 영어 작문에서 가장 빈번히 발생하는 문법 · 구문 · 어휘의
실수들을 모두 모았다. 타산지석의 지혜를 작문에 적용하는 절호의 기회!

더 이상 쏠쏠할 수는 없다

漢字와 日本語도 역시 디자인하우스!

✚✚ 꼬리에 꼬리를 무는 漢字

한호림 지음 / 424쪽(컬러 화보 8쪽) / 값 8,000원

저자의 해박한 지식과 기상천외한 아이디어로 생활 주변에 있는 漢字들을
모조리 사냥하는, 세상에서 단 하나뿐인 이야기 漢字 공부책! 그저 재미있게
술술 읽기만 해도 漢字들이 모조리 머리 속으로 들어온다.

✚✚ 문화로 배우는 이야기 일본어

김용운 지음 / 396쪽 / 값 9,500원

日本語와 日本 문화, 두 마리 토끼를 한꺼번에 잡는다! 한 번만 읽으면
日本語의 원리를 꿰뚫게 되는 책, 한 번만 읽으면 日本의 모든 것이 손바닥처럼
보이는 책, 한 번만 읽으면 日本 역사와 문화에 정통하게 되는 책!

✚✚ 漢字가 보인다 世上이 달라진다

전광진 지음 / 이우정 그림 / 304쪽 / 값 9,000원

논술고사 수험생, 취직을 앞둔 대학생, 각종 서류 작성에 애를 먹는 회사원을
위한 한국형 漢字 학습서! 〈조선일보〉에 매일 연재되고 있는 성균관대 전광진
교수의 명칼럼을 책으로 만나 볼 수 있다.

✚✚ 일본어를 안다고 착각하는 사람들에게

이케가미 아키라 지음 / 이연숙 옮김 / 200쪽 / 값 8,000원

日本語가 쉽다고들 하지만 알수록 어려운 것이 바로 日本語이다.
日本語를 가르치는 선생님들, 전공자들과 통·번역가들, 日本語에
자신만만한 일본통들은 반드시 일독해야 하는 정식 日本語 가이드!

개그 같은 강의, 알토란 같은 영어 표현

재미가 송송, 실력이 쑤욱~쑥! funglish.com 영어책 시리즈

1권 _ 꼭 알아야 할 초간단 영어 표현
++ 한 방에 끝내는 원 샷 영어

104쪽 / 값 4,800원

길게만 얘기한다고 영어를 잘하는 걸까? 간결 명료할수록 의사 소통이 잘되는 법. 그렇다, 한 방에 적중하는 명료한 표현, 미국 현지인들이 밥먹듯 사용하는 중요한 표현이 여기에 있다. 초급 · 중급 · 고급을 막론하고 실생활에서 꼭 필요한 간결 영어의 정수!

2권 _ 상황에 따라 골라 쓰는 4단계 스타일 영어
++ 말투 체험 극과 극

128쪽 / 값 4,800원

같은 말도 '아' 다르고 '어' 다르다. 정중하고 세련된 영어에서부터 일반적으로 통용되는 영어, 친근하고 격의 없는 영어와 막가파 영어까지, 상황에 따라 달라지는 4가지 말투 스펙트럼 – 극에서 극으로 치닫는 영어 스타일 체험! 이젠 말투도 때와 장소에 맞게 골라 쓰자!

3권 _ 미국 현지 필수 영어
++ 이상한 나라의 엄대리

136쪽 / 값 4,800원

Konglish만 죽어라 공부해 온 토익 450점의 어수룩한 엄대리. 그런 그에게 어느 날 미국 출장이라는 황당한 특명이 떨어진다. 지금껏 배워 온 영어가 도무지 통하지 않는 요상한 나라, 미국. 자, 이제 우리도 펄펄 살아 있는 100% 영어를 사냥하러 미국으로 출발!

4권 _ 글로벌 시대의 매너 영어

✦✦ 매너 짱 매너 황

168쪽 / 값 4,800원

당신은 매너와 영어의 상관관계를 알고 있는가? 한국에서의 매너 짱이 세계 무대에서는 매너 황이 될 수도 있다. 이 책에 등장하는 황당한 씨의 단순·무식한 영어와 또 다른 주인공 장한름의 세련된 영어를 비교해 가며 글로벌 에티켓과 영어 표현을 동시에 배워 보자.

5권 _ 초보자를 위한 e메일 영어 작문 연습장

✦✦ 깃털처럼 가벼운 e메일 영작

144쪽 / 값 4,800원

'이렇게 써도 괜찮은가? 저렇게 쓰면 웃음거리가 되지 않을까…?' 진땀나는 e메일 영작. 하지만 알고 보면 영작 가운데서 가장 쉬운 게 e메일 영작이다. 깃털처럼 가볍고 솜털처럼 부드러운 e메일 영작! 오늘부터 당신도 전세계로 e메일을 날릴 수 있다.

✦✦ TOEIC 3日 전

김애리 지음 / 3권 1세트 / 카세트테이프 포함 값 15,000원

TOEIC 3일 전, 시간은 없고 할 건 많은데……. 이럴 땐 여기저기 찌르지 말고 콕 찍어 외우자. 토익 L/C에 꼭 한 번은 나오는 필수 암기 문장 119개! 문장 설명에만 그치지 않고 각각의 문장에 대한 출제 유형이 정리되어 있으며 〈3日 전〉 〈2日 전〉 〈하루 전〉으로 분책하여 휴대도 간편하다.

화제의 어학 신간

늘 새롭게 항상 신선하게

✚✚ English, 크게! 유창하게!

조양호(스피치학 박사 · 언어치료학 교수) 지음 / 별책 및 CD 오디오 교재 포함 값 10,000원

유창한 Speech를 위한 7가지 최첨단 학습 테크

영어 실력이 반드시 좋아야만 유창한 영어가 되는 것은 아니다. 미국 원어민의 언어 장애를 고쳐 주던 한국인 언어치료학 박사가 직접 체득하고 가르친 유창한 영어를 위한 7가지 학습 테크! 이 책에 소개된 학습법은 언어 신경학 · 언어학 · 스피치학에 충실히 뿌리를 두고 있으며, 저자가 직접 가르쳐 온 수많은 학생들과 언어 장애자들을 통해 그 효과가 입증되었다. 이제 당신의 영어도 치료가 필요하다!

✚✚ 여자들이 돈 버는 영어 1 · 2

야스이 쿄코 지음 / 최은영 옮김 / 각 권 200 쪽 내외 / 각 권 값 6,800원

아이 둘을 키우던 서른세 살 일본의 평범한 주부가 영어를 통해 멋진 프리랜서로 변신에 성공했다. 영어로 다시 사회 생활을 시작할 수 있었던 저자 자신의 체험과 영어 학습의 노하우를 모아 엮은 책! 여자라면 누구나 부담 없이 읽을 수 있는 책! 특히 영어에 취미가 있는 사람에게는 용기와 영감을 주는 책! 여자들이여, 이제 신나게 영어 공부하고 뿌듯하게 돈 좀 벌어 봅시다!